JN258758

# 経営者を育てるハワイの親 労働者を育てる日本の親

ハワイ教育移住コンサルタント　イゲット千恵子　Chieko Egged

経済界

プロローグ

# もっと戦略的に子どもを育てなさい

アロハ！　この本を手に取ってくださり、ありがとうございます。

私は現在、ハワイでエステサロン、化粧品会社、コスメ通販、ホリスティック美容スクール、コンサルティングなどの事業を経営している起業家です。

ですから、決して教育の専門家ではありません。

そんな私が教育論を語る理由があります。

私自身がハワイで子育てをする中で、**日本人の教育に対する思考を根本的に変えない限り、これからの時代に世界で通用する子どもを育てることはできない**と痛感したからです。

**日本人の教育には、圧倒的に「戦略」が欠けている**のです。

ハワイで教育を受けるメリットはいくつかありますが、そのひとつは**子どもが良質なコミュニティに参加できる**ことです。

ハワイはアメリカでも珍しく、多民族が仲良く混じりあって暮らしている唯一の州です。そのため、他国の文化や習慣を学び、多民族でできているコミュニティが存在しています。

移民も多く、また素晴らしい気候のため、物価が高くても、世界中から質の高い人たちが集まってきているのです。

子どものコミュニティを通して、親同士の信頼関係や世界に広がるネットワークを親子共々つくることができ、さらには自分のビジネスにも役立てることができるとは、私はハワイで生活するまでは思ってもみませんでした。

少し前までは、日本の教育システムに不安を持つ親御さんは、子どもをインターナショナルスクールに通わせ、英語が話せるバイリンガルに育てようとしていました。

しかし**最近は、子どもと一緒にハワイに教育移住している人が増えています。**

それは、子どもの将来に影響を及ぼす「コミュニティの重要性」に気が付いたからでしょう。

また、ハワイでは子どもの頃からタイムマネジメント教育を行い、勉強だけでなくスポーツも音楽も、とにかく遊ぶ暇がないくらいに習わせて、集中力を徹底的に鍛えるのです。

子どもたちは、それをあたりまえのスケジュールとして消化していくようになります。だから大人になってからも、仕事は仕事、プライベートはプライベートと、上手に時間を振り分けて、より多くのことを実現できるようになるのです。

日本は、労働時間は長いけれど、生産性は低いと指摘されています。子どもの頃に、集中力を養うような教育を受けてきたかどうかも、一因なのかもしれません。

「日本は15年遅れている」といわれているコンピューター教育も、ハワイではすでに幼稚園の頃から全員にiPadが配られて、子どもたちはそこにお絵かきをしています。高校生になる頃には、アプリのひとつも自分でつくれるようになっているのです。

## ▼優秀な経営者を育てる「ハワイ思考」の衝撃

何よりも驚いたのが、「どうやって自分のお金をつくるのか」という**「ベンチャー教育」**を、学校で繰り返し行っていることです。

日本では、いい学校を出て、いい会社に入って、いいお給料をもらうというのが、昔ながらのエリートコースです。

つまり、**「お金はもらうもの」という労働者の思考**です。起業は、当たれば大きいけれど外れると大変なことになると、いまだにギャンブル的に捉えられています。

いっぽう、ハワイでは、起業することが将来の選択肢としてあたりまえにあります。

むしろ、起業しないと大して稼げないという認識が、小さな頃からあるのです。

たとえば、高校生でも自作のアプリを売って起業する子がいて、そこでちゃんと稼げるようになれば、別に今すぐ大学に行く必要はない、学びたくなったときに行けばいいと考えられています。

つまり、**お金はつくるもの、「Make Money《メイクマネー》」という経営者の思考が深く根づいていて、それが教育にも反映されている**のです。

ここでいう「経営者の思考」とは、実際に会社を経営していたり、起業したりする人にだけ必要なものではないことを、特に強調しておきたいと思います。

すでに日本は、企業に就職できたとしても、終身雇用や年金が保障されているわけではありません。副業も認められるようになっていくでしょうから、企業に籍を置きながらも起業したりして、自分で稼いでいけるようにならなくてはいけません。

そこで求められるのが**「経営者の思考」**です。

近年、日本でも、大手企業に勤めながらも、自分でも起業し、会社を経営する人が出てきました。

そのような人には経営者思考があるので、堂々と会社と価格の交渉もできますし、お互いにｗｉｎ‐ｗｉｎの関係をつくっていくことができます。

会社としても、こういう優秀な人材は手放したくありません。

その結果、起業家としても活躍できるし、会社の中でもキャリアアップできるという、ダブルで実績を積むことが可能になります。

実際にこういうケースが増えていて、むしろサラリーマンこそ、経営者思考が求められてくる時代ではないかと思います。

ですから、「うちの子は経営者にするつもりはないから関係ない」などとは、もはや言えないのです。

**日本の教育が「優秀な労働者をつくる教育」なら、ハワイの教育は「優秀な経営者をつくる教育」**といってもよいでしょう。

この違いが、ひいては日本とアメリカの国力の差を生むのだと思います。

今日本では、生まれ育った環境によって受けることのできる教育に差が出てしまう「教育格差」が問題になっています。

しかし、「労働者教育」vs「経営者教育」も、見逃せない教育格差です。そして、この問題について論じている人は、日本ではまだほとんどいないようです。

日本では教育費の高騰が家計を圧迫していますが、ハワイの教育費はさらに高く、日本の2倍、3倍もかかります。

しかし**ハワイの親たちは、子どもの教育を戦略的にひとつの投資ととらえています。**

見栄や知名度で有名な大学や企業に就職してもらうことをゴールとしたものではなく、子どもの適性や能力を親がきちんと見極め、その子どもの良さを生かして、将来、子どもが稼げる力を身に付け、自己実現できる大人になるために教育投資をするのだと考えています。

日本人の親御さんも、莫大な教育費をなんとなく支払い続けるのではなく、もっと本質的な視点で、子どもの教育をとらえ直してみてはいかがでしょうか。

そのためには、**まず母親の思考を変えてほしい**のです。

日本では結局、母親が子育ての中心を担うため、子どもの将来は母親の情報収集力、選択力、決断力にかかっているといっても過言ではありません。

また、子どもの思考の多くは、母親のすり込みによってつくられているからです。

ここで少し私の経歴をお話しさせてください。

私は15歳のとき、初めての海外旅行でハワイに行き、高校卒業後もっと英語を勉強したいと思い、ハワイの大学に留学しました。

帰国後は、外資系企業の役員秘書を経て独立し、ネイルサロンを立ち上げました。ちょうどネイルサロンブームの追い風も受けて、経営は順調に伸び、ネイルの技術を教えるスクールも始めました。


プライベートでは、日本人男性と結婚。やがて子どもを授かったとわかったとき、どうしてもハワイで出産したいと思いました。

これはそのときの思い付きではなく、留学後、ずっと考えていた私の夢でした。

なぜなら、やっぱり英語は、今後絶対に必要になってくることだと思うし、子どもにとっても二重国籍を持つことは将来の選択肢が広がっていいのではないかと考えたからでした。

「これからは、一つの国に一生住むという時代ではなくなるだろう」と、私は一人で20年後の未来を見据えていたのです。

しかし、その考えは、周囲からはまったく理解されませんでした。

夫をはじめ、もちろん私の両親も、全員が大反対。

「全然意味がわかりません」という感じです。

それでも私は諦めませんでした。

なんとか周囲を説き伏せ、単身ハワイに渡って無事に男の子を出産しました。

息子に、念願の二重国籍を持たせることができたのです。

## ▼離婚、大病を経験し、息子と2人でハワイへ

しかし残念なことに、帰国後、離婚してしまいます。

離婚してシングルマザーになった私に、さらなる追い討ちをかけます。

「膠原病《こうげんびょう》」という病気にかかっていることがわかったのです。

膠原病とは、難病認定された免疫疾患の病気で、30代、40代の女性がかかることが多く、薬や治療法もまだ確立されていません。

私の場合は、筋肉が硬直し、朝も起き上がれないし、水の入ったグラスさえ持つことができませんでした。

当然、赤ちゃんを抱っこできない日もあり、ネイルサロンの仕事にも戻れず、絶望的な気持ちでした。

でも、ふと「どうせ治らないんだったら、とりあえずハワイに行っちゃえ」と思ったのです。薬も治療法もないのだから、どこにいたって同じだろう、と。

そこで、病気療養と人生のリセットを兼ねた長期休暇のつもりで、子どもと一緒にハワイに行ってしまいました。

ハワイの暖かい気候が良かったのか、だんだん体の調子が回復していき、私も今後のことを考える余裕がでてきました。

同時に、私が離婚したせいで、息子の人生を大きく変えてしまうことに、申し訳ない気持ちでいっぱいでした。

息子にとってベストな方法は何かと考えたとき、「息子には二重国籍があり、アメリカに住める」ということを思い出したのです。

当時の日本は、まだ離婚する女性は少なく、シングルマザーへの偏見も多くありました。そんな、アメリカで育てるという選択肢を考えていた頃に、今のアメリカ人の夫と出会い、その後、連れ子国際再婚を決め、ハワイに移住しました。

ここから私は、母親として、息子とともにハワイの教育を目の当たりにしていくことになるのです。

そして今、ハワイで息子を育てることができて本当に良かったと思っています。

この本では、子どもがハワイの教育の恩恵を最大に受けるためにはどうしたらいいのか、私の経験を通じて得たことをまとめました。

「うちにはお金がないから、留学なんて……」などと思わないでくださいね。日本にいながら「ハワイ思考」をトレーニングする方法についても書いています。

これからの世界は、日本にとってますます厳しい環境になっていくでしょう。何があろうと力強く生きていける子どもに育てるため、世界のどこに行っても稼げるマインドを持った子どもに育てるために、この本が少しでも参考になれば、嬉しく思います。

どうぞ最後までお付き合いください。

イゲット千恵子

# 経営者を育てるハワイの親
# 労働者を育てる日本の親

## CONTENTS

# 第1章 ハワイと日本の「教育」は、何がそこまで違うのか？

## 第2章 経営者を育てるハワイの親、労働者を育てる日本の親

第3章

# 世界で勝てる子どもが育つ「ハワイ思考」とは？

## 第4章 学校歴はビジネス成功へのパスポート



## 第5章 国際的に活躍する子どもを育てるための親の心構え

ブックデザイン
矢部あずさ

編集協力
有留もと子

プロデュース
山﨑薫

# 第1章

# ハワイと日本の「教育」は、何がそこまで違うのか？

# ミックス文化が成立しているアメリカ唯一の州

アメリカ合衆国50番目の州・ハワイは、リゾート地として発展してきた歴史を持ち、世界中から富裕層が集まってきます。

息子の同級生にも、中国の大企業の御曹司やタイの王室の子孫といった、そうそうたる家柄の子どもたちが留学していたり、教育移住したりしています。

彼らの多くは、小さい頃から家族旅行でたびたびハワイを訪れ、ハワイに慣れ親しんでいるため、留学先に選んでいるのです。

またハワイは、アメリカ本土の大学に進学するまでのワンクッションとしての位置付けにもなっているようです。

たとえば、**中国や日本、東南アジアから来てハワイで高校まで過ごし、高校からアメリカ本土の大学に行くというのが、アジア人の子どもたちがアメリカまで辿り着く教育ルート**になっているように感じます。

留学や移住となると、「人種による差別はないの？」と気にされる方もいます。

確かにほかの州では、たとえばアジア人はアジア人の住むエリア、白人は白人の住むエリアと分かれていて、学校案内には、アジア人率何%、白人率何%などと書かれていたりすることもあります。

アメリカは移民の国ですが、実際は「人種のサラダボウル」とも呼ばれ、人種や文化が混じりあうことがほとんどないんですね。

昨年の大統領選挙を見ても、「ラストベルト」と呼ばれる中西部の衰退した工業地帯に住む白人と、その他の地域に住むマイノリティとの間に、分断があることは明らかでした。

しかし、ハワイは違います。

ハワイは、アメリカの中でも唯一、人種や文化が混じりあい、「メルティングポット（人種のるつぼ）」が成立している州です。

**「みんながオハナ（ファミリー）」というアロハ・スピリットが、多様な人種、言語、文化を受け入れ、多様性が世界で最も進んでいる場所**といえるでしょう。

ハワイに住む人種の内訳をみると、アジア人が約40％、白人が約20％、その他をヒスパニックやネイティブ・アメリカンといった人たちが構成しています。アジア人の人口が一番多く、白人は少ないのです。

後ほど詳しく説明しますが、日本人も古くから移住していて、文化を継承するために、お雛様とこどもの日が「ガールズデー」「ボーイズデー」として学校の行事の中にあったりします。もちろんハワイアンの文化も継承していますから、学校でフラやハワイ語の授業もあります。

このように、相手の文化も尊敬して取り入れ、また、自分たちの文化も理解してもらえるようにしているところが、ほかの州にはない特徴です。

# なぜ、多くの芸能人が「ハワイ教育移住」をするのか？

日本よりも高額な学費と引き換えに、子どもを教育環境の良いハワイの学校に通わせるメリットはどこにあるのでしょうか。

私は、「子どもが教育移住を通じてビジネス人脈を手に入れること」だと考えます。

たとえば、どこの国にも中華街があり、賑わっていますよね。中国人は「華僑」といって、あらゆる国で中国人のコミュニティを成立させ、商売をしています。

その土地でビジネスをしていくには、やはりその土地のコミュニティに属していることが条件となるでしょう。

「中国人は子どもが3人いたら、1人は日本に、1人はアメリカに、1人はヨーロッパに留学させる」というような話を聞いたことがありますが、これも各国にコミュニティをつくりビジネスをしやすくする、したたかな華僑の戦略だと思います。

ハワイの学校には、世界各国の富裕層の子どもが集まっています。そこに子どもを通わせれば、自然と世界に人脈ができるのです。

## ▼息子の友人は元インドネシア大統領の孫!?

私の息子の例でお話ししましょう。

息子と仲が良かった男の子は、インドネシアから父子留学でハワイに来ていました。お父さんは国費でハワイ大学に留学していたのです。妻と娘は国に残し、父と子で7年くらいハワイに住んだあと、インドネシアに帰っていきました。

その後、息子が「友だちの家に遊びに行きたい」と言うので、一人でインドネシアに行かせ、そのお宅に2週間ほど滞在させてもらったのです。

帰ってきた息子に「どうだった?」と聞いたところ、「大理石のお城みたいな家だった!」と言うのです。

「友だちの家には、お手伝いさんが何人もいて、運転手さんもいて、僕たちはずーっと運転手さんにあちこち連れていってもらったんだよ。お父さんはバリにホテルを4軒も持っていて、おじいちゃんが元インドネシア大統領だったんだって」

息子と友だちは7年間ずっと遊んでいたのに、そんなことはまったく知りませんでした。彼らはハワイにいるときは、むしろ庶民的な感じの生活をしていました。どうやら彼のお父さんは、都市開発やホテル業を学ぶために、ハワイ大学に国費で留学していたようです。ハワイはリゾート地として世界的に有名ですから。

このように、本国に帰ると「えーっ!」と驚くような、もの凄く質の良い子たちが、普通にハワイの学校に留学しているのです。

だから、**もし息子がインドネシアで事業をやりたいと思ったら、その友だちを頼ればいいわけです。**このように、世界にビジネスのネットワークができるというのが、ハワイ教育移住、ハワイ留学の大きなメリットだと思います。

また、子どもを通しての関係性は、その親にとってもファミリーフレンドといった信頼関係にまで発展しやすいのです。

このようなつながりというのは、ビジネスだけで会った関係とはまったく違います。子どもを見れば、親がどんな人かもわかりますし、それこそが一生涯を通じての本物の人脈といえるのではないでしょうか。

実際、私が以前、インドネシアの製造工場と取引したいと思ったときに、先ほどの息子の友だちのお父さんが、信頼できる業者を紹介してくれました。

子どもたちのコミュニティは、子どもの未来だけでなく、親にとっても人脈の巣のようなもので、ビジネスを広げていくのに非常に役に立つことがおわかりいただけたと思います。

子どものときに入ったコミュニティで環境が変わり、人生も変わってしまうので、親としては「学校選び」は重要な課題なのです。

私は息子をハワイにある私立の小学校から高校までの一貫校に入れています。

ハワイは小さい島ですから「誰の紹介か？」が非常に重要視され、特にビジネスの世界では「学校歴」を必要とするところがあるからです。

日本での学校歴といえば、慶應義塾大学の幼稚舎が代表的な例です。同じ「慶應大卒」であっても、幼稚舎を出ていない限り、幼稚舎コミュニティに入ることができません。

こうして考えると、高い授業料は、学歴を得るだけではなく、将来のビジネスパートナーになる学友とその人脈を手に入れるために払うともいえるのです。

そして学校歴によって、子どものみならず、親の良い人脈までつくることができるとなれば、十分にリターンが期待できる投資です。

**親は学費を払いながら、子どもだけでなく、自分の将来にも投資している感覚です。**

良い人脈がどれほどビジネスで役に立つかは、ビジネスを経営している方には実感していただけるのではないでしょうか。

私が一人でアメリカに移住してつくったネットワークの人脈の質と、子どもの教育でつながってきた人脈の質は、まったく違っただろうと思います。

子どもが素晴らしい人脈をつくって、結果的に、私も恩恵にあずかっていると思います。

アメリカは学歴主義であり、学校歴による卒業生のコミュニティが強い結束力を持っているので、日本人が大人になってから入ろうとしても、なかなか入りにくいのが現実です。

しかし、日本人でも、子どもの教育を通してなら、富裕層のコミュニティに入ることができます。このコミュニティこそ、親子で得た人脈とコネであり、将来的に世界のネットワークへとつなぎ、ビジネスを発展させていく基盤となるのです。

## ▼学校歴で初任給も変わる!?

アメリカでは、日本のように新卒者は月に一律16万円などという初任給設定がありません。プロ野球選手の年俸制のような感じで、同じ仕事の内容でも、この人は年収300万円、この人は600万円という能力に応じた成果主義です。

そもそも新卒採用というもの自体なく、ヘッドハンティングの国ですから、たとえどんなに良い大学を出ていても、職務経験のない、即戦力とならない人材は採用してもらえません。

だから、学生時代にインターンなどで、自分のやりたい職業の職務経験を積んで、卒業後の就職に備えるのです。その際、インターンとして雇ってもらうのにも、大学のOBやOGの人脈が活きてきます。

将来のビジネスには、どこまでも学校歴が影響を及ぼしていくのです。

# 日本語が話せなくても これからは困らない！

かつてはアメリカ人にとって、アジアの言語といえば日本語でした。日本はＧＤＰがアメリカに次ぐ世界第２位の、経済大国でしたから。

しかし、数年前に中国に抜かれて日本のＧＤＰは世界第３位になり、日本語の代わりに中国語が選ばれるようになりました。

海外の免税店でも、日本人の店員さんがカットされ、代わりに中国人、韓国人の店員さんがどんどん増えています。

日本は消費しない国として、もう世界からあまり期待されていないのです。

**アメリカでは、すでに、日本語を第二外国語として選べる学校が残念ながら少なくなっているのが現実です。**

ハワイは、例外的に日本の文化が根強く残っていますから、必ず学校に選択科目の中に日本語の授業がありますが、やはりスペイン語や中国語が人気のようです。

このように、世界が学ぶ言語として日本語が選ばれなくなってきている今、相手が日本語を話してくれることはまずありません。


私はハワイにいて、日本がもうアジアの経済大国、ナンバーワンでなくなったことを、がっかりするくらいに感じています。だから今度は逆に、日本人の私たちが海外に乗り込んで行かなければいけないのです。

当然、世界で日本人が戦っていくには、英語を話せることが絶対条件となります。世界人口の4分の1が英語を話せますし、コンピューター用語は英語ですから、世界中の人たちが使う言語が、英語であることには間違いありません。

英語で主張できれば、世界のどこの国に住んでも、まあまあやっていけます。


**今、「日本語と英語、どっちをやらせたら良いですか？」と質問されたら、「絶対英語です」と迷わずに答えています。**

日本語ができなくても、正直、別にそれほど困らないですから。

もちろん日本語は、私たち親が、日本の文化や日本人としてのアイデンティティーを教えていくべきものだと思っていますが、子どもたちが将来、世界でビジネスをすることを考えると弱い言語です。

戦略的に子どもを教育していこうと思ったら、まずは英語、となるはずです。

## ▼日本人がいつまでも英語を話せないのは当然

日本には義務教育で英語の授業があるのに、日本人はいつまでも英語を話せるようになりません。

原因のひとつは、日本人の性格の問題もあると思います。

日本人はシャイだし、完璧主義なので、「正確な英語を話せなければ恥ずかしい」と思ってしまうんですね。

受験していれば相当な単語数も知ってるし、ビジネス英会話くらいできる単語量は持ってるわけですから、多少は話せるはずなのに、そこで「私は英語を話せます」と言える人は10％いるかどうか。たいていの人は帰国子女くらいのレベルでなければ、「できます」と言えないのではないでしょうか。

いっぽう、**アメリカ人である私の夫は、日本語10単語くらいしかわからなくても、「僕は日本語を話せます」と言うんです。**「はじめまして」くらいしか言えないのに、「話せる」と堂々としています。このメンタルの違いは大きいと思います。

もうひとつの原因は、学習の順番が違うことにあるように思います。

子どもが言葉を覚えていく過程は、まずお母さんの言葉を耳で聞いて話せるようになり、そのあと読み書きができるようになっていきます。

しかし、**なぜか日本の英語教育では、最初に書いて、次に読むことをやって、話せるようになるのは最後という逆の順番で教えているのです。**

さらに英語の授業は、テストの点数を取ることを目的としていて、コミュニケーションをとるための英語は教えてくれません。
しかも、先生の発音はネイティブとは程遠いので、これでは話せるようになるのは難しいでしょうね。

私自身、留学したときに、「日本で英語を習わないほうがよかった」と思ったくらいです。学校の授業で習った英語の発音がまったく通じないのです。

先生のカタカナ発音が耳に残っていて、それを一つひとつ忘れてから正しい発音を習得するという手間がかかり、最初は苦労しました。

**じつはアルファベットは26個しかないので、「フォニックス」というアルファベットの読み方のルールさえ理解できたら、どんな言葉でも正しく発音できる**のです。

小学生くらいの年齢になったら、どんなに難しい文献の言葉でも、意味がわからないながらも正しい発音で読めるはずです。

コミュニケーションは言葉のキャッチボールですから、発音が通じない段階では何も通じないんですよね。

ただ、英語はひとつのツールであって、私自身の海外体験から言えることは、これからの時代に必要なのは、語学の学習だけでなく、他国の生活や文化を通してさまざまな人に興味を持ち、そこから新たなものを生み出す「創造性」だと思います。

そのうえでも、教育移住や留学、海外旅行などで、子どもに異文化の環境で過ごす体験をさせることは、国際的な好奇心を刺激することにもつながるでしょう。

# 世界と戦うために不可欠な ダイバーシティが学べる最適な環境

ハワイの学校で学ぶことの意義は、「ダイバーシティ（多様性）」を育むのに最適な環境であることも挙げられるでしょう。

**ダイバーシティを理解するうえで必須となるのが、「バイリンガル」と「バイカルチャー」です。**

「バイリンガル」が、日本語と英語といったように、母国語のほかにもうひとつ別の言語を話せることを意味するのに対し、**「バイカルチャー」とは、異なる文化を理解できること**を意味します。

ハワイには、いろいろな国の人が住んでいて、両親が別々の母国語を持つ家庭も少なくありません。必然的にバイリンガルが多い環境の中で子どもが育つので、自然と

子どもがバイリンガルになりやすいのです。

いっぽうのバイカルチャーについては、こんなエピソードがあります。

息子が小学校低学年の頃、

「日本人の子とアメリカ人の子と、お友だちになる方法が違う」

と言うのです。

どういうことかと聞いてみると、アメリカ人の子どもは、先に自分が名乗ってから、友だちの名前を聞いて、一緒に遊び始めます。

それに対して日本の子どもは、少し遊んで仲良くなってから名前を聞かないと教えてくれないというのです。

「お名前は?」なんて先に聞いてしまうと、かえって敬遠されてしまう、と。

息子は、その国の子どもたちの性格や習慣によって、友だちのつくり方を変えるということが理解できたのです。

小さな頃から自分と異なるルーツを持つ相手のカルチャーを理解し、異なる考え方があることを知っているからこそできるコミュニケーションスキルだなと思いました。

ビジネスの現場では、相手の文化を理解しているかどうかによって、交渉や契約といったことに大きな差がついてしまいます。

よく日本人は、海外ビジネスで騙されたなどと言いますが、これはアメリカ的な考えでいえば、騙されたのではなく、疑わなかった、検証、確認を怠った本人が悪いということになります。

その点、バイリンガルとバイカルチャーが身に付いているハワイの子どもたちは、ダイバーシティの考え方にも慣れています。

**何かあったときに、自分の価値観だけで物事を判断していないか、「本当にそうかな？」と考えたり、確かめたりという思考的な訓練も小さな頃からしている**のです。

これからの日本は、どんどん外国人が入ってきて、自分の上司や部下が外人になる可能性がある時代です。一人ひとりが違うのはあたりまえですし、たとえ海外に住まなくても、ダイバーシティを理解していくことが必要になってきます。

もちろん、日本国内でも、英語を話せる子どもを育てることはできると思います。

しかし、世界とビジネスをしなければ、生き残れない時代が来ることを考えると、異国での体験に勝るものはありません。**他国を理解するのは、百聞は一見にしかず、体験しなければ身に付かない**ことです。

ハワイほど、良い規模でダイバーシティが体験できるところはないかもしれません。

## ▼ADHDやアスペルガーは「与えられたギフト」

ハワイにはADHDやアスペルガーといった障がいを持った子も、留学や教育移住をしています。

協調性を重んじる日本では理解されにくいのですが、**アメリカではADHDやアスペルガーといった障がいは、神様から与えられた特別な能力**だと考えられています。

たとえば、スティーブ・ジョブズなどの「天才」といわれている人たちは、みんな高いＩＱとなんらかの障がいを持っていて、常人にはない集中力や創造力を発揮して世の中を変えたのだといわれています。

それを可能にしたのは、障がいを天才に導く教育があったからだと思います。

日本でも、こうした子どもたち向けの学級はありますが、アメリカのプログラムはさらに進んでいて、将来その子たちが自分の能力を社会に役立てられるように教育していきます。

彼らがきちんと生きる道を見つけ、さらには本人も何か楽しんで生きていけるというプログラムは素晴らしいなと思います。

障がいを才能と認め、ある種、天才を育てるのがアメリカの教育システムだとしたら、飛び抜けた能力や才能を一定の枠に押し込めて、普通の人をたくさんつくり、会社で使える労働者に育てるのが、日本の教育システムのように思うことがあります。

# 人生にかかるお金を計算させるリアルでシビアな金銭教育

「のんびりした常夏の島」というイメージのハワイですが、子どもの教育、とくに金銭教育に関しては非常にシビアです。

アメリカの学生も、高校に入ると大学受験について、いろいろと考えるようになります。その際、日本では少しでも偏差値が高い、いわゆる有名大学に入ることをゴールとしますが、**こちらではまず「自分が将来、何になりたいか」を考えさせます。**

たとえば、息子が中学3年生のときにこんな授業がありました。

息子は当時、建築家になることが希望でした。そこで、自分の夢の仕事に就くまでにかかる費用をざっくりと把握させるのです。

**建築家になるためには、どういう大学に行って、学費はいくらで、卒業するまでに何年かかるから、合計でいくら必要になるのか。**

また、大学卒業後、最初は誰かのアシスタントとしてスタートして、そのときの年収がいくらくらいで、晴れて一人前の建築家になったら、およそどれくらいの年収を稼げるのかを、すべて自分でリサーチさせます。

次に、建築家としてのお給料を、どのように使うのかを考えさせます。

たとえば、住居費の目安として給料の何％を当てればよいのかというのも、最初に教えるのです。

さらに、今の自分の暮らし、つまり親に与えてもらっている暮らしが、およそいくらかかっているのかを把握させます。

自分が住んでいるエリアの家賃はこれくらいかかる、食費はこれくらいかかるというように、**親と同じ生活レベルをさせるためには、どのくらいの金額が必要なのかを算出させる**んですね。

そうすると、将来、今と同じ生活レベルを望むなら、これくらい稼がなければダメなんだということもわかります。

これらを踏まえたうえで、自分の履歴書をつくらせ、模擬面接で建築家になるためのプレゼンをさせるのです。

模擬面接では、生徒の父兄がボランティアで面接官になり、実際に点数をつけ、一定以上の点数をとれたら、あなたはその仕事に就けます、という評価を下します。

**もし点数が足りなかったら、たくさんの職業カードが入っている箱の中からくじを引いて別の職業が与えられ、今度はその職業について考えさせます。**

息子は2点足りなくて、箱の中から観光バスの運転手を引きました。

「ママ、バスの運転手になると、家賃には600ドルくらいしか使えないんだけど。どこに住めるかな？」

「600ドルだったらハワイでは一人暮らしはできないから、誰かとハウスシェアしない限りは厳しいかな。あとはガールフレンドの家に転がり込む以外ないかもね」

冗談交じりの会話ですが、バスの運転手さんの年収はこれくらいで、その何%を家賃に充てるから住めるのはこういうエリアで、どのくらいのレベルの生活費を使えるのかということを、もう中学生の段階で考え始めるわけです。

## ▼自分の夢を叶えるまでにいくらかかると思う?

**希望する職業につけなかったら箱の中にガサガサ入っている職業から選ぶしかない。これはまさに社会の縮図です。**努力や勉強をしてこなかった人は、自分がやりたくない仕事に就いて、それで生活していくのが、リアルな世界なのですから。

自分がなりたい職業に就いて、自分がなりたい夢に近づけていくのか。

それとも適当にやって、適当な仕事をやって暮らしていくのか。

どちらを選ぶのか、どんな大人になりたいのか、自分で考えさせるのです。

また、子ども自身も希望する大学の学費を親が払えないようだったら、自分が一生懸命勉強して奨学金を貰わなきゃいけないと危機感を持つわけです。

そして最終的には、大学側に、奨学金を払ってでも来てもらいたいと思ってもらえる人材となるために、**高校の4年間で将来のビジョンをしっかり考え、子ども自身で人生をプランニングすることを学ぶ**のです。

あらためて私自身の受験時代を振り返ったとき、将来なりたい夢に向かって勉強していたわけではなく、ただ偏差値を上げていい学校に入ることにしか目が向いていなかったことを考えると、日本では子どもに将来のビジョンを見せながら勉強をさせるということ自体がなかったなあと思います。

だから、東大卒などの高学歴を持ちながらも、ニートになったり、引きこもったりする子が出てくるのではないでしょうか。

自分が理想とする生活をするために頑張りなさい、そのためにはこういうお金がこれだけかかるよと、ワクワクした理想とシビアなお金をセットで教えるという教育に、目から鱗が落ちました。

## Make Money――
## お金は自分でつくるもの

大多数の日本人は、**「お金はもらうもの」**と考えています。

これは、高度成長期に施された教育が、良い労働者や良い消費者となることを目指していたため、「お給料をもらう」というマインドがいまだに根付いているためではないかと考えます。

子どもの頃のお小遣いも定額制で毎月いくらと決まっていましたし、お正月になれば自動的にお年玉をもらえました。

しかし、**英語では「Make Money」といって「お金はつくるもの」という意識です。**

ハワイでも「洗濯したら、新聞をとってきたら、月のお小遣いとして10ドルあげます」というように、お金は仕事の対価として配布します。

ハワイで育った息子は、何もしないでお金をもらうことに慣れていないので、日本で祖父母や叔母たちから、たくさんのお年玉をもらうたびに、

「いや要らない、要らない。僕、何にもしてないですから」

と最初は断っていました。

「日本では断ることが逆に失礼にあたるから、お礼を言っていただきなさい」

と教えたので、今はそのようにしています。ただ彼にとっては、

「働かないのに、なんでみんなお金をくれるんだろう？」

と、何もせずにお金をもらえることが謎だったようです。

働きに応じてお小遣いを与えることは、子どもに「お金は働いて自分でつくるもの」という意識を植え付けるとともに、もうひとつの意義があります。

それは、**子どもが「家族の中で自分の役割を見出せること」**です。

家族をひとつの企業にたとえてみましょう。

お母さんが経営者で、お父さんは財務担当というイメージです。ハワイでは夫婦共

働きがあたりまえですから、家の仕事を子どもにも振り分けてうまく回していかないと、会社として成り立ちません。

仮に、子どもがニートや引きこもりだったりすると、たちまち経営が傾いてしまいます。だから、**子どもにとっても家族の中で役割を持つことで、僕はこの家族に必要なんだという、家族の一員としての自覚と責任が持てる**のです。

日本の場合は、お母さんがひとり頑張って全部やってあげてしまうから、子どもが何もできないまま大人になっていくし、家族における自分の役割も見出せません。

その結果、皮肉なことに、家族の結び付きが弱くなってしまうようにも見えます。

子どもにとって、最初の集団生活の場は家庭です。

**子どもが家庭の中で、誰かの役に立つことを実感できないまま大人になり、社会に出て就職すると、「会社に行けばお金がもらえる」という考え方になります。**

これでは、会社の利益に貢献し、自らの年棒をどんどんあげていけるような人材を育てるのは難しいですよね。

## ハワイ母さんのお金哲学は「お金を回しなさい」

日本では、親は子どもに「お小遣いやお年玉は貯金しなさい」と教えますよね。

あるいは、「お母さんに預けておきなさい」と言って、実際はお母さんが使ってしまったりして、ちょっとした詐欺のような感じになっている場合もあります。

**ハワイでは、子どもに貯金しなさい、とは言いません。**

では、どうしているのかというと、**「お金を回しなさい」**と教えています。

たとえば、お年玉で10万円くらいもらったら、「何か株を買ったら?」と投資運用をすすめます。つまり、お金を回して、自分が働かなくても入ってくるお金がある、ということを教えるわけです。

現在16歳の息子にも、最近、投資を始めさせました。「銘柄は内緒」と言って教えてくれませんが、どうやら夫と一緒に株を購入したようです。

息子の高校の友だちも、株式投資をしていたり、自分で起業してTシャツをつくって売っていたりする子もいます。

その際、最初の頭金の何百ドルかは親が出していたりすることもあります。

「これで自分でやってみなさい」と親が投資して、それを子どもが殖やして利益が出たら返します。

このように、投資する、投資してもらうということに、子どもの頃から慣れさせていくのです。それは、**何かしらの能力とお金を動かすことで、「Make Money」できる思考力を身につけさせるため**です。

実際に「Go Banking Rates」の調査によると、アメリカ人の貯蓄額は62%が1000ドル以下のようです。貯蓄が大好きな日本人とは対照的ですね。

大学でも経営学などのクラスでは、大学のお金を使わせて、実際に投資をさせる授業があります。

たとえば、クラス全体に10万ドルを渡し、生徒みんなで運用させ、1年後のこの授業が終わったときに、いくら利益が上がったかを報告させるということをやるのです。そこで上がった利益は、学校の設備を整えるために使います。

ボーディング・スクール（寮生の高校）などでは、同様のことをさせるそうです。

こうして子どもたちは、**自分が労働する以外に、どこにどのようなお金を使って動かしていけばいいのか、ゲーム感覚で投資を身に付けていくのです。**

たとえ自分や親にお金がなくても、奨学金をもらって勉強すればいいし、いいアイデアがあったらそれを売り込んで、誰かにお金を出してもらって事業もできるというふうに、能力と人脈があれば他人のお金を転がしてお金をつくっていけばいいということが基本の発想になっていきます。

だから、**彼らからしてみれば「お金がないから何もできない」というのは、怠慢な言い訳にしか聞こえないのです。**

# 第2章

# 経営者を育てるハワイの親、労働者を育てる日本の親

# 「労働者教育vs経営者教育」の実態

第1章で述べた「お金はつくるもの」と「お金はもらうもの」という意識の違いは、突きつめると「経営者を育てる教育」か「労働者を育てる教育」かの違いになっていくように思います。

アメリカにおいて経営者教育は、名家に生まれた人たちがファミリーの資産をいかに減らさないようにするかという特別なものではなく、一般の家庭の子どもにも広く行われています。

たとえば、息子が小学校低学年のとき、こんなことがありました。

授業でお店屋さんごっこをしたときの話です。

息子はレモネード屋さんをやったのですが、まず「原価を計算させる」のです。

**レモンがいくらで、カップがいくらで、ストローがいくらで、場所代がいくらで、合計すると原価がわかりますね。そのうえで、あなたはいくらでレモネードを売りますか、と考えさせるのです。**

息子は原価を2ドルとし、「レモネードを7ドルで売る」と答えました。

なかなかのボッタくりですが、その時点ですでに原価に利益を載せて価格をつけることを理解しています。つまり、経営者の視点に立って遊んでいるわけです。

**日本人はこうした発想をすることがあまりなく、自分で値段をつけることに慣れていません。**根底に「お金はもらうもの」という思想があるからです。お店屋さんごっこをするときも、**レモネードを売る労働者と、商品を買う消費者がいるだけです。**

早期経営者教育を受け、経営者として利益を上げるために、何か付加価値を付けて消費者に買わせることを教えられてきた子どもたちは、親の家業を継ぐことに対する意識も、一般的な日本人の子どもとは少し違っているようです。

たとえば、アメリカにも代々医者というお家がたくさんあります。

しかし、子どもを全員医者にするわけではありません。

たとえば、子どもが3人いたとしたら、一人は医者にして、一人はMBAを取らせて経営にあたらせ、一人は医療弁護士にして、というように、代々受け継がれていくファミリービジネスを途絶えさせないため、うまく回して資産を増やしていけるように子どもたちを育てるのです。

## ▼経営力が大学合格のカギになる

アメリカでは、こうした経営者の視点が、お金持ちの家の子のみならず、一般的な家庭の子にも求められています。

なぜなら、日本のように「新卒採用枠」があまりないからです。

大学の授業料も日本の3倍くらいなので、アメリカの子どもの誰もが、高校卒業後、大学に進学できるわけではないのです。

働くにあたっては、即戦力が求められます。そうすると、就職する時点までに、その業務に役立つような職務経験と最低限の商業スキルが必要となります。

職務経験については、学生時代にインターンなどで、自分のやりたい職業の経験を積み、卒業後の就職に備えます。

そして、商業スキルの最たるものが経営のセンスというわけです。

また、前にも説明したとおり、アメリカの子どもたちの将来の選択肢の中には、あたりまえに「起業」が含まれています。

高校生でベンチャー企業を立ち上げる子どももたくさんいて、**ビジネスを学びたいから大学に入りたいとなったときに、経営しているオンラインショップでいくらの売上がありましたという実績があれば、内申書をアップさせる要素となります。**

ですから親も、

「とりあえず軍資金として1000ドル投資するから、これでやりなさい」

と、学生起業をさせるんです。

実際に息子の友だちも、自分でTシャツをデザインしてオンラインで全米に売り、それを実績にして、ニューヨークにある有名なファッションの大学に奨学金をもらって入って勉強しています。

ファッションの大学ですが、デザインする能力だけでなく、経営力やマーケティング能力も評価の対象となり、奨学金を受けられるかどうかにも関わってくるのです。

**アメリカでは、何か成果を持っていかないと、雇ってもらえない、入学させてもらえないシステムになっている**ので、日本の〝優等生〟のような、試験の点数がいいだけの子どもは、アメリカの有名大学に入るのは難しいでしょう。

このような環境ですから、子どもたちも勉強以外にどうやって実績を積めばいいのかを真剣に考え、学業のみならず何かの成果を出すことに、一生懸命にやらざるを得ないのです。その結果が、アメリカの国力につながっているのだと、すごく思います。

歴史も浅く、いろいろな国の人たちを受け入れて、多くの問題も抱えながらも強い国であり続けられるのは、こうした教育によるものではないでしょうか。

## ▼日本では「会社は3代目が潰す」

アメリカでは早期経営者教育で起業家を育てていますが、自分で会社をつくっても、長く続けることを目標としていません。

**M&Aで高く会社を売り、売却益を得て、次のビジネスにつなげます。**

たとえ小さい会社であっても、ビジネスは資産価値として売却する習慣が根付いているから、農家が野菜をつくって売るように、起業家は会社をつくって売るのです。

以前、100年続く企業というのは日本くらいにしかないと聞いたことがあります。それくらい日本では、企業が長く存続することにとても価値を見出していて、合併などを嫌がる傾向にあるようです。

そのいっぽう、日本では「会社は3代目が潰す」といわれてもいます。

これは、古い企業体質も受け継いでいくので、時代のニーズに合わなかったり、新しく改革したりすることが不得意だからです。また、**資産を増やす経営を、親が教育してこなかったことにも原因がある**ようにも思います。

アメリカのお金持ちや名家の親たちが、今ある資産を増やし、節税の代わりに寄付をして社会に還元しながら、代々残し続けていくかという教育をしているのに対し、日本はとにかく良い大学に行きなさい、大企業に就職しなさい、医者や弁護士の資格を取りなさいというところにばかりフォーカスしているのではないでしょうか。

しかし、**医者や弁護士も、雇われている限りは高給労働者です。独立しても経営者の教育を受けていませんから、経営ができません。**結局、コンサルタントにかなりのお金をとられてしまいます。

日本人が経営者的な視点を持てずにいることは、たとえば伝統工芸の継承者問題にもつながるのではないでしょうか。

西陣織などの素晴らしい文化がありながら、職人さんに経営能力やブランディング能力、交渉力などがなかったため、優れた技術を持ちながらただの労働者という扱いでお給料が低く、若い人がなりたがりません。フランスなどでは、職人さんは非常に尊敬されてお給料も高いといわれています。

日本の職人さんも、義務教育課程で経営者教育を受けていたら、日本の伝統や文化が守られ、世界へとさらに発展していくことができると思います。

こうして幼稚園から大学まで、子どもに最高の教育を受けさせようとしたら、アメリカでも日本でもざっと1億円ほどかかります。教育投資として1億円かけた以上、わが子に何をさせたいのか、親も真剣に考え抜かないといけないと思うのです。

**1億円かけて経営者を育てるのか。**

**1億円かけて労働者を育てるのか。**

投資する価値を親子で見出していかないと、非常にもったいないことになってしまいます。

# クリエイティブに発想する力とは？

アメリカは日本以上に格差社会の国ですので、教育のレベルにも格差があります。

日本のように、できない人に合わせて平均的にできるレベルへ底上げするようなことはせず、優秀な人はどんどん優秀になり、勉強が苦手な人はどんどん苦手になっていく環境です。

その中で、どこを目指すのかは本人次第といえるでしょう。

日本と大きく違うなと思ったのが、数学の教育です。

日本だと九九や暗算などの反復練習をしますが、**アメリカの場合は、計算は人間がやると間違えるから、ＡＩ（人工知能）に任せましょう、と考えています。**

また、2＋3＝5というように、答えがひとつの問題定義の仕方をせずに、

**「5になる答えは何通りありますか？」**

という方法で、数学を考えさせます。

その場合、**即座に100通り答えられる子と、3通りしか答えられない子とでは、問題解決能力に差が出てくることは明らかでしょう。**

こうした教育を受けた子は、この方法がダメだったら違う方法をと、答えを展開させていくことができるようになります。この臨機応変さが、クリエイティブな発想をする力につながるのではないでしょうか。

日本のような、子どもの頃から、問題に対してひとつの正解を与えられ、みんながそれに向かっていくような教育は、想定外のことが発生したら、対処の仕方がわからずに思考が止まってしまいます。

今まではそれでもよかったかもしれませんが、**AIが簡単な業務をすべてやってしまうようになると、日本の子どもたちは、世界で就職難になる可能性が出てきます。**

問題がひとつ起きたときに、いくつもの解決策を考え、自然とその中からベストなものを選びとることができる人たちと同じ土俵に立ったとき、従来のやり方では敵うはずがありません。

子どもを稼げるように育てたいなら、やはり小さいうちからクリエイティブな考えができるようにさせなければいけないと思うのです。

## 経営者目線を養う日常の会話

日本では、働くこととは「どこかの企業に就職してお金をもらうこと」という意識ですが、アメリカの子どもたちは違います。

起業して自分で仕事をつくることを、働くことのイメージとしてあたりまえに持っています。

むしろ、**雇われていては満足するお金が稼げないという認識があるので、小さい頃から、お金をつくり出すためにはどうしたらいいのかを考えています。**

私は、息子の起業家マインド、経営者マインドを引き出すために、意識してやっていたことがありました。

それは、レストランに家族で行ったとき、席の順番を待ちながら、

**「ここのお店、なんで流行っているのかな？」**

と一緒に考えることです。

わが家は夫も私も息子も美味しいものが大好きで、外食の機会も多いんですね。

ハワイは特に、流行っている店と流行っていない店が顕著にわかるので、座席数やお店のスタッフの人数を参考にしたり、メニューを見て客単価を推測したりしながら、うまくいっている理由、うまくいっていない理由を習慣的に分析させていました。

私の両親は、商売やビジネスをしていたわけではなかったから、私自身は〝商人教育〟みたいなものは一切受けてきませんでした。また、このようなことは学校でも教えてくれませんでした。

だからこそ息子には、**身近な例を通して、ビジネスや世の中の仕組みを考える力を養ってほしかった**のです。

その力が、きっと経営者マインドにもつながるだろうと考えたからでした。

**儲かっている理由、流行っている理由を考えることは、起業するしないに関わらず、どこかの企業に勤めたとしても必要なスキルです。**

会社に就職したとしても「Make Money」が求められているのです。日本人で、そのことを自覚している人は多くないでしょう。だから、レストランに行っても「おいしいね」で終わってしまうのです。

しかし、わが家では、「何でここは美味しいんだろう」とか「何でここはこんなに待たせるんだろう」「何でここは高くても人が来るんだろう」ということを、日常的な食卓の会話に入れてきました。

そうすることで子どももお店の経営について考えなければいけないし、お店を観察せざるを得なくなります。

すると飲食店でアルバイトをしたときも、お店の売上を上げるためにはどう動けばいいのかがわかるようになります。

もしかしたら、日本のお父さんの中にも、子どもにベンチャー教育をしている方や、ご自身が経営者の方は、すでに同じようなことを実践されているかもしれません。

しかし、**子どもはお父さんと過ごす時間より、お母さんと過ごす時間のほうが圧倒的に長いはずです。**

**だから、お母さんが自ら、こういうことを教えていくことが必要なのです。**

ハワイにいなくても、日本でも十分にできることですから。

## ▼エリート層のしつけ術

ハワイも日本と同じように、お受験が白熱しており、幼稚園受験では倍率が５倍のところもあるほどです。

そのような幼稚園の学費は、１ヶ月に１２００ドル前後で、親もそれなりの収入がある、エリート層の人たちです。

ハワイのエリート層のしつけといえば、非常に印象に残っていることがあります。

息子が最初にお友だちになった子は、ハワイで有名な企業弁護士さん夫婦の家の子どもでした。私はその子のお宅にお邪魔したり、わが家に来てもらったりして、彼らがどういうふうに子どもたちを育てているのかを観察させてもらいました。

その子のお宅はカハラの豪邸で、男の子が２人いて、お手伝いさんも雇っていないのに、とても綺麗に片づいていました。

この状態をどうやって維持しているのだろうと思っていたら、子どもに家族の一員としての役割を与え、部屋を散らかさないようにしつけていました。

たとえば**トイレで手を洗ったら、紙で水滴を全部拭いてから出るところまでをトイレの一貫として教えている**のです。

また、おもちゃで遊んだあとも、出しっぱなしで外に遊びに行こうとしたら、子どもたちを呼んで、

**「前と様子（ピクチャー）が違うよね。だから前と同じに戻してね」**

と言って、片づけさせていました。

すると子どもたちは、

「この本はここにあった」

「このおもちゃはこうなっていた」

と、パズルをするように一つひとつ元に戻していきます。

つまり、片づけさせる習慣を学ばせるともに、記憶力のトレーニングにもなっているわけです。

こういうふうにしつけているから、男の子が2人もいて、お母さんも超多忙なのに、お手伝いさんを雇わなくても、いつも家をきれいにしておけるのだとわかりました。

「片づけなさい！」としかりながら、結局、お母さんが片づけてしまう日本のしつけでは、何の学習もできていないんだなと、目から鱗の思いでした。

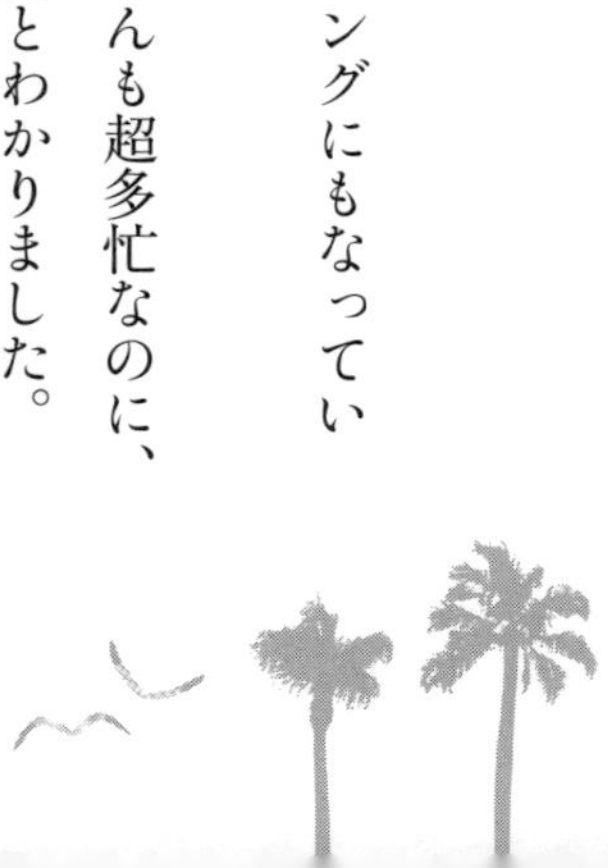

# 「泣けばいいコミュニケーション」から何も生まれない

日本では、「泣いたら抱っこ」「泣いたらおっぱい」と、子どもが泣いたときに、**親が何かしてあげる、子どもの言うことを聞いてあげるといったように、親が子どもに誘導されることが多い**ようです。

子どもからすれば「泣けばなんとかなる」というコミュニケーション法です。

日本にいた当時は、私も息子を泣かせないように必死でした。

しかし、アメリカでは親が絶対で、親の言うことを聞くのがあたりまえというふうに小さい頃からしつけています。

日本のスーパーでは「お菓子買って！」と泣いて床を泳いでいる子を見かけますが、アメリカで同じことをすると、幼児虐待で親が警察に通報されてしまいます。

ですから、子どもが「泣く」という行為で何かを主張することは許されないのです。

なぜ日本では、泣けばいいコミュニケーションが成立しているのでしょうか。

ひとつには、小さなお子さんがいるお母さんは、専業主婦になることが多いことが原因としてあるのではないかと思います。

専業主婦は、掃除、洗濯、炊事など、家事全般と家族の世話に1日の時間を取られ、かえって育児に専念する時間が短くなってしまいます。そのため、専業主婦でありながら、子どものしつけができていないケースが増えてしまうのです。

お母さん自身もやることがたくさんあり過ぎて、疲れてしまっているので、泣いている子どもが納得するように説明したり、根気よく言い聞かせたりする精神的、時間的なゆとりも持てずにいるのでしょう。

いっぽう、アメリカで子育てをしている夫婦は、共働きが多く、母親は産後2ヶ月ほどで仕事に復帰します。

夜は夫婦で出かけることも多いので、ベビーシッターに預けることはあたりまえになっています。ハワイのセレブなどは、ナニーと呼ばれる、子どものしつけや幼児教育の専門家を連れて旅行していたりします。

また日本では、子どもをベビーシッターに任せたり、保育園に預けたりすることに、罪悪感を持つ人も多いようです。「母親は子どもから離れてはいけない」という社会通念があるせいでしょうか。

**こうした日本のお母さんの様子は、世界から見ると、母子分離ができず、あえて子どもを自立させないように育てていると受け止められています。**

結局、お母さんの中に、「この子ならお留守番もできる」とか、「この子なら人に預けてもみんなと仲良く遊べるよね」という、子どもに対する信頼感がないのかもしれません。

私も、息子が小学校2年生のときから、夏休みに一人で日本に行かせていました。

飛行機に乗るときは、係の人が子どもを席までエスコートしてくれますし、電車のように途中下車することもありません。日本に着いたら、実家の両親が空港に迎えに来てくれます。

**一人で行かせるのは、まったく不安がなかったと言えばうそになりますが、「うちの子は一人で大丈夫だ」という信頼感のほうが大きかったのです。**

子どもは、いろんなところで楽しく過ごせて、いろんな人と遊べて、家族以外の人にも可愛がってもらったほうが絶対に良いわけです。そういう子に育てようと思って、息子を送り出していました。

## ▼精神の強さもエリートの条件

アメリカでは、子どもが泣いてだだをこねたら、まず泣きやんでから親との交渉ができることを教えます。これを「タイムアウト」といい、**泣きやむまでは要望すら出せないとわからせるのです。**

このように、子どもは小さな頃から感情がコントロールできるようにトレーニングさせられています。

なぜなら、エリートになるためには、精神が強いことも重要なポイントだからです。**リーダーとして組織をまとめ、問題を解決していくためには、怒りや悲しみといったネガティブな感情をいかに早く切り替えられるかが勝負です。**

また、感情をコントロールする習慣は、ひとつには宗教的な背景もあるようです。アメリカ人のほとんどは宗教を信仰しています。もし怒りや悲しみなど、ネガティブな感情が生まれたら、それぞれの宗教のやり方で自分を見つめ直し、人を許し、相手にチャンスを与えることで解決しようとしていくことが習慣になっています。人はみな、パーフェクトじゃないからです。

ほかにも、瞑想やヨガも、幼稚園の授業で取り入れられています。1日の中で15分くらいは気持ちを落ち着かせ、次の行動に集中できるような時間を、小さいときからつくらせているのです。

たとえば、子どもがサッカーで相手に蹴られたりすると、痛くて泣いてしまいます。日本だったら「痛かったね、かわいそうに」と同情して泣かせておくでしょう。

しかし、アメリカのエリート層の教育は違います。

**痛みは、感情である程度コントロールできると考えているので、痛みを和らげるために、最初に泣くことをやめさせるのです。**

「calm down（落ち着いて）」みたいな感じで、とにかく大きく息を吸って、吐いてと繰り返させ、深呼吸させることで気持ちを沈静させます。

生きていれば当然、さまざまな感情に揺さぶられることもあります。

自分の感情は自分で選べるということを、子どもが小さなうちから教えておくことは、きっと将来にも役立つと思います。これは日本にいても教えることができます。

# タイムマネジメント教育で集中力アップ

日本では、スポーツ選手は子どもの頃からスポーツだけを集中的にやって、競技を引退した後のセカンドライフで成功することが難しいようです。

いっぽうアメリカでは、たとえばスポーツ推薦で入学しても、勉強についていけなかったら、平気で落第させられるし、奨学金ももらえません。

だからスポーツ推薦をもらえるのは、頭も良く、勉強ができて、スポーツの才能もあるというような子です。

実際、**学校内でトップのスポーツ選手は、たいてい成績もトップです。**彼らは、将来競技を引退しても、次は別のステージで活躍していきます。

そもそもアメリカのエリート教育は、勉強もできるし、スポーツもできるし、音楽もできるという、バランスの良い子を育てることを目指しています。

**勉強だけできても、何かあるたびに心が折れていたら、使いものになりません。だからメンタルを鍛えるため、ストレスを発散するために運動を、リラックスするために音楽を、というふうに、まんべんなくやらせてバランスをとっている**んですね。

その結果、できる人というのは全部できて、それぞれのレベルが非常に高いんです。

では、どうしたらこういう子を育てられるのでしょうか。

それは小さいときからの集中力とタイムマネジメントのトレーニングです。わりとギューギューに詰め込んで、どんな雑音のある環境でも集中できるようにします。

たとえば、毎日朝7時半から午後3時まで学校に行って、その後サッカーの練習に行って、帰ってきてからウクレレの練習をして、宿題をやって寝る。さらに土曜日はサッカーの試合です。

「そんなにやるの?」というくらいのハードスケジュールですが、遊ぶ時間がほしいなら早く終わらせるしかありません。

**子どもが一日遊べるのは、日曜日だけです。**

この日だけは友だちの家に遊びに行ったり、友だちが遊びに来たり、あるいは家族でのんびり過ごしたり、どこかに遊びに連れて行ってもらったり、自分の好きなことをしてもよいという、まさに安息日なんですね。

私も最初は「もう少し遊ばせたほうが…」と思ったりもしましたが、こんなふうに予定をびっしり入れるのは、ひとつは、子どもに道を踏み外させないためでもあるとわかりました。

アメリカ本土ほどではありませんが、ハワイにもドラッグなどが蔓延していて、ヒマな時間があると誘惑に染まりやすいので、あえて忙しくさせて余計なことを考える時間を与えないのです。

もうひとつは、**体力と集中力とタイムマネジメントの基礎のトレーニングをさせるためです。**

1日の限られた時間の中で多くのことをこなせるようになるために、月～土曜日までは学校と勉強とスポーツに集中して、日曜日は思い切り遊ぶというように、時間の使い方にメリハリをつけているのです。

## ▼親も全力疾走して子どものスケジュールをサポート

このスケジュールを子どもにやらせるには、親にも相当な覚悟が要求されます。自分もフルタイムで仕事して、そこから子どもをサッカーに送って行って練習させ、一緒に帰宅してからご飯を食べさせて、宿題をやらせて、寝かせる。これを繰り返すには、親も全力疾走で頑張らないとムリなんです。

日本では、子どもの教育はお母さん任せですが、共稼ぎがあたりまえのハワイでは、お父さんももれなく育児に参加します。

特に私立の学校では、面談には両親が揃って行くのがあたりまえですし、行事やボランティアにも、お父さんの出席率は90%くらいあります。

子どもの送迎も、お父さんが朝送って行って、帰りはお母さんが迎えに行くなどという分担制が徹底されています。

また、アメリカの学校の成績のシステムは厳しくて、成績が悪ければ小学校1年生でも容赦なく落第させたり、塾へ行くようにすすめたりします。

だから、**親としても必死で子どもの様子を毎日チェックして、学校についていけるように宿題や勉強も見て、決して学校任せにはしません。**

しかし、こうして毎日がどんなに忙しくても、きれいな夕日に足を止めたり、雨上がりの虹を見てワクワクしたり、青い海を見てリラックスできる環境がすぐそこにあることは、ハワイのいいところです。

また、寝る時間、学校に行っている時間、帰ってきて宿題やる時間と、子どもの頃から24時間のタイムマネジメントをきちっと教え、平日はニュース以外のテレビは見られない、ゲームは週末しかできないというルールの子どもたちも少なくありません。

もしルールを破ったら「1ヶ月間ゲーム禁止」などのペナルティを課すのです。

親の都合で子どもの時間がズレたり、今日はもう面倒くさいからいいよといったこともまったくありません。子どものタイムスケジュールを乱さないように、親も全力でサポートしているのです。

これがさらに好循環を生み出します。家族全体がこういうスタイルで動いているので、**子どもは「僕だけ何で忙しいの？」とは思わず、「お母さんも頑張っているし、お父さんも頑張っているし、僕も頑張らざるを得ないな」と思うわけです。**

こうした習慣で集中力を養い、タイムマネジメントもできるようになった子が大人になると、スーパーエリートが誕生します。

たとえば、息子の友だちのお父さんは、週に3日は医者をやり、週に3日は弁護士をやっています。医者と弁護士なんて理系と文系で、まったく違う仕事のようですが、医療弁護士として活躍されています。

医師として手術をし、弁護士として事務仕事をするというのが、それぞれいい気分転換になり、リラックスできるそうです。

しかも、そんな超多忙な人ほど、学校の役員やチームママなど、ボランティア活動も率先してやっているのです。

いかがですか？

日本人が思っている、のんびりしたハワイのイメージからかけ離れていますよね。

かつて「詰め込み教育」と揶揄された日本の子どものほうが、今は時間的な余裕がありそうです。

人生で多くのことを手にできるのは、ハワイの子どもか日本の子どもか、どちらなのか、一度考えてみてほしいと思うのです。

# 説得する文化が「プレゼン力」を育てる

日本の入試は、推薦入学を除くと、1年にたった1回の試験で合否が決まるシステムですが、アメリカの場合はかなり異なっています。

高校の成績、推薦状、ＳＡＴ®スコア、社会貢献活動やインターン経験と、本人のエッセイを提出させ、これらをみて総合的に判断し、合否を決めています。

ＳＡＴ®スコアとは、全国模試のようなもので、大学によって必要な点数が何点以上と決まっています。留学生の場合は、これにＴＯＥＦＬ®スコアも加わります。

エッセイも、日本の小論文とは少し違い、生徒が自分を大学に売り込むストーリーのようなものです。

自分とはどんな人間か、さらには今までやってきた行動、これからの将来をどのように生きていきたいのかなど、自分自身ときちんと向き合わせ、それをひとつのストーリーのようにして、大学側にアピールするんですね。

大学側は世界各国からいろいろな才能をもった優秀な子どもたちを選ぶので、自分の個性を際立たせたエッセイが、入学できるかどうかの最終的な決め手になったりもします。

このように、自分をプレゼンすることが、大学入学に必須のスキルとなっています。

ですから学校の授業でも、子どもたちに相手を説得し、納得させ、交渉することを日常的にやらせているのです。

たとえば、息子が小学校6年生のとき、

「誕生日かクリスマスに iPhone が欲しい」

と私にねだったことがありました。

iPhone はその当時、400ドル~500ドルもしていました。私は、

「小学生の子どもには、まだ必要ないでしょ」

と答えると、

「だけど、僕がiPhoneの使い方をマスターしたら、ママに日本語で教えてあげられるんだよ」

と言うのです。

私はiPhoneに変えたばかりで、使い方がよくわかっていませんでしたから、「うん、確かにそうだ」と納得し、まんまと買ってしまいました。

このように、**小さい頃から、相手を納得させる理由を説明し、相手に快く協力してもらうという、社会に出て必要なスキルを学んでいます。**

特にハワイでは、いろいろな国の人がいるからこそ、「言葉で伝えなくてはわからない」という説得する文化が土壌してあることも影響していると思います。

私も、説得できるスキルがあれば、留学させてもらうときや、海外に出るときに、いちいち反抗しなくても、「将来こういうふうになりたいからニューヨークに留学させてください」と親を納得させることができたかもしれないと、つくづく思います。

私に限らず、多くの日本人の場合、相手に説明して納得させることが不得意で、ちょっと意見が違うと、たいていは「じゃあ、いいや」となってしまいます。「言わなくてもわかるでしょう」という、察する文化があるせいか、説得するのが面倒くさいと思ってしまうし、そもそもどうやって説得したらいいのか、よくわからないんですね。

しかし、ハワイの学校のように、授業の中で生徒同士に自由に意見を述べさせ、どうしたらうまく相手を説得できるのかという練習を繰り返しやっていたら、説明力がつくし、自分の意見に同意してもらうことができるようになります。

## ▼プレゼンできない日本人は世界のマーケットからスルーされる

私は日本のベンチャー企業の若い方たちとよくビジネスの話をします。

彼らはすぐれた技術を持っているし、それで世界で戦っていけそうなのに、いざ商品の説明をするとなったら、声が小さいし、説明は下手だし、非常にもったいないことになっているのです。

**結局、日本の商品が世界で負けてしまうのは、「プレゼン力の差」なんです。**

商品にはすごく自信があるのに、それを相手に伝えるスキルがまったくない。

突然、質問が飛んできても、臨機応変に対応できない。

世界は、白か黒かはっきりしないことを、モゴモゴ言っている人の話なんか聞いてくれません。

今後日本人は、プレゼン力とコミュニケーション力を磨かない限り、あらゆるマーケットからますますスルーされてしまうでしょう。

# 日本はIT教育が15年遅れている

日本でも、２０２０年の学習指導要領に、小学校へのプログラミングの授業の導入が盛り込まれるそうです。

「ついにここまで来たか」と思われるかもしれませんが、世界的に見て、日本のＩＴ教育は15年は遅れています。

息子の通う学校は、幼稚園から高校までの一貫校で、生徒全員に iPad が配られています。

幼稚園の子どもは、iPad を使ってお絵かきをしています。もちろん、美術の授業で絵の具を使って絵を描くこともしますが、コンピューターで絵を描くことを幼稚園からやっているわけです。

ハワイの私立校のＩＴ教育は、小学校のクラスには、１人１台のパソコンが設置されていて、コンピュータの基礎操作、リサーチ、写真の加工、プレゼンの資料づくりなどが、小学生のうちからできるようになります。

**息子が小学校２年生のとき授業参観に行ったら、生徒がパワーポイントで読書感想文をプレゼンしていました。**

さらに教科書もなくて、iPadに入っているテキストを見ながら、iPadでレポートを書いて、先生にメールで送ります。

中学生では、ラップトップが１人１台、３Dプリンタもあります。自分がデザインしたものをつくったり、コンピュータで卵に絵を描いたりと、ハイテク機器を使ったモノづくりの基礎を学びます。

**高校を卒業するまでには、アプリやプログラミングを自分でつくれるレベルの技術を学びますので、社会に出ても即戦力として働けます。**

学校の連絡もすべてメールです。何かのサインが必要など特別の場合を除いて、学校から紙をもらって帰ってくることはありません。

学校関係で、紙を見ることはほとんどないのです。

アメリカでは、13歳前後が一番驚異的なハッカーになりやすいといわれています。

そのくらい徹底したＩＴ教育が行われています。

それに対して、日本のＩＴ教育のスピードは遅すぎるのではないでしょうか。

# 場をまとめて導く「ヒーロー」思想

こんなジョークを聞いたことはありませんか？
船が沈没しそうになったので、船長が乗客を海に飛び込ませるために言いました。

イギリス人には「紳士はこういうときに飛び込むものです」
ドイツ人には「海に飛び込むことが規則になっています」
イタリア人には「美女が飛び込みましたよ」
フランス人には「くれぐれも海に飛び込まないでください」
ロシア人には「ウオッカのビンが流されていきますよ」
日本人には「みんなもう飛び込みましたよ」

**アメリカ人には「海に飛び込んだらヒーローになれますよ」**

このように、アメリカにはヒーロー文化があります。

ハリウッド映画を観ても、よくおわかりだと思います。

「この俺が国を助けてやる」

「みんなを救ってみせる！」

これが、アメリカ人が描く理想の人間像です。

ヒーローは、人々を導くリーダーでもあります。

**アメリカではリーダー教育を小さいときから受けているので、賢く、人格者で、人々を良い方向に導くリーダーはあこがれの存在となっています。**


こんなエピソードがありました。息子は小学校を受験したとき、2つの学校から、どちらかを選ばなくてはいけなかったのですが、

「僕はこの学校だとリーダーになれない。だから違う校風のところに行きたい」

と自分で主張しました。

子どもながらに、この学校ではリーダーになれないことを悟ったのでしょう。

当時、息子はまだ5歳、しかもハワイに来てまだ2年しか経っていないのに、自分がリーダーになることを意識していることに、正直驚きました。


アメリカでは小さいときからクラスの授業の中でも意見を言い合って、そのうえで誰がみんなの意見をまとめるのかという形でリーダーがつくられていきます。

だから授業中に意見を言わない人は授業に参加していないと思われるし、話し合いを妨害するような人は白い目で見られてしまいます。

**リーダーは、ちょっと反対意見を言われても、**

**「あなたはそう思うのね、じゃあみんなはどう思う？」**

**と、いちいちめげたりせず、みんなで考え、最良の道を選ぼうとします。**

だから集団の意志決断も早いのが特徴です。

これは、アメリカは多民族国家で、さまざまな宗教、思想、文化の人がいるから、そのいろいろな意見をまとめて、今ベストな方法としてこれをやってみようという、物事の考え方が社会のベースにあるためだと思います。

その積み重ねが、大統領という形をつくっているのだと思います。

日本では、生徒会長とか学級委員になることは、面倒くさいし恥ずかしいと思われていますが、アメリカの子どもたちにとって、クラスのリーダーはカッコいい人です。

そして経営者には、多くの社員をまとめてリードしていける、リーダー力が求められていることも、子ども心にもわかっているのです。

だからこそ、躊躇なく起業できるのではないでしょうか。

# 自分のルーツを発見させて「強い自信」を育む

離婚大国のアメリカでは、何度も結婚する人が珍しくなく、ここで兄弟ができて、あっちにも兄弟がいてと、子どもの家族も複雑化しています。

ですから、**自分はどういう存在なのかということ理解させるために、授業でファミリーツリー（家系図）を書かせます。**

息子のクラスにも、カンボジアから養子でハワイに来た子がいて、親はゲイカップルです。しかし、それをとやかく言ったり、いじめたりする人はいません。

本人も、「僕はハワイに養子に来られて本当にラッキーだ」と言います。

このように、いろいろなファミリーの形があるということをその授業の中で教え、そのうえで自分にはどういうルーツがあるんだろう、ということを考えさせるのです。

なぜ、こういうことをするのかといえば、人生のビジョンを考えさせるためです。

ここから子どもたちは、**「みんな同じではなく、みんな違っていい」ということを学び、自分の人生を、自分で決めていくようになります。**

複雑化する家族構成の中で、どんな人たちから愛情を受けているのか、自分の存在意義は何か。さらには、血縁にとらわれない家族への思いを振り返り、オハナとして相手を受け入れ、自分も受け入れてもらうことで、大きなファミリーとして暮らしていくことを学んでいくんですね。

こんなふうに徹底的に自分について考える時間を、日本の学校教育でも取り入れるべきだと思うのです。

## ▼ステップファミリーでも家族になれる

私たち家族は、何かのお祝いがあるたびに、今の夫の前妻や夫の息子、孫たちと一緒に、大家族で食事をしています。

私は、家族じゃなくても家族になれる、血がつながっていなくても家族になれるということを、彼らとの関係から教えられました。

今の夫と再婚したのは、息子が3歳のときです。息子は、アメリカ人の夫が自分の父親で、2人の義理の兄弟のことも本当の兄だと疑うことなく育ってきました。日本にいる前夫には、毎年必ず息子を会わせていましたが、関係性を理解できる歳になった頃、

「日本のパパが本当のお父さんで、ママは離婚して今のダディと再婚したの。今のダディは、あなたのことを『本当の息子として育てるよ』って言ってくれたから、再婚したんだよ」

「えー、そうなの!?」と息子は驚いていたので、すかさず私は、

「でも、おじいちゃんとおばあちゃんは6人いるし、クリスマスプレゼントはたくさんもらえるし、お年玉ももらえるし、youラッキーじゃない?」

と言ったら、「あ、そうだね」とひとまず納得したようでした。

うちのようなステップファミリーは、アメリカでは珍しくありません。これは特別なことではないよ、という感じで説明したかったので、あえてさらっと伝えました。

現在息子は、前夫との新しい家族とも仲良く旅行にも行き、異母兄弟をとても可愛がっています。この子の家族に国籍も血縁関係もなく、多くの人に愛されていることに感謝します。**子どもは誰に愛されてもいいし、誰に可愛がられてもいいのですから。**

日本も、3組に1組は離婚するといわれる時代です。親の都合で家族の形が変わっていく子どもも、これから増えていくでしょう。

子どもに一度、ファミリーツリーをつくらせ、自分のルーツやアイデンティティについて考える時間を持たせてはいかがでしょうか。

**自分という存在が、多くのつながりの中にいることを発見し、感謝の気持ちがわいたり、愛されていたことに気づいたりして、自信を持てるきっかけになると思います。**

そのうえで、将来どんな人生にしたいのかを自分で決められる大人になっていくのが最高ではないでしょうか。

# 自己肯定力を育てる「You can do it!」

ハワイで暮らすようになって、アメリカの教育と日本の教育の一番の差は、子どもが「自己肯定力」を持てるようになるかどうかにある、と気がつきました。

アメリカの教育を受けた子どもは、

**「失敗してもOK。次は別の方法でやればいいから」**

と考えます。

たとえ失敗しても、実際に試してみたことに意味があって、試したからこれがダメだってわかったんだよね、という発想なのです。

**子どもがこういう発想を持てるのは、そもそも親の自己肯定力が高いからです。**

アメリカの親はまず、「うちの子はすごく頭がいい」「絶対に美人になる」と、人前

で子どもを手放しで褒めます。

さらに、すべてが**「You can do it!」**という感じで、とりあえずやってご覧なさい、失敗してもいいからと、子どもが興味を持ったものをやらせたり、チャンスを与えたりするんですね。**あなたならできるわよと、子どもを信頼しているのです。**

アメリカの親と日本の親の子どもへの信頼感の違いを、私自身が痛感したことがありました。夫と一緒に息子の三者面談に行ったときのことです。

私は学生時代、三者面談というと、母と一緒に先生から怒られる時間というイメージでした。だから息子の面談でも、きっと何か怒られるのだろうと思っていました。

ところが面談が始まったら、先生と夫が息子の褒め合い合戦を繰り広げるのです。

「息子さんは授業には積極的に参加して、リーダーとしてクラスをまとめてくれて」

と先生が褒めると、すかさず夫も、

「この子は家でも手伝いをしてくれるし、みんなに好かれて素晴らしいんですよ」

と被せてくるわけです。

当の本人の息子はというと、２人が褒め合い合戦をしているのをずっと聞きながら、

「そうです、そうです、僕はちゃんとやっています」

みたいな顔をしているのです。

**こうしてみんなの前で褒められて育ってきたから、息子には自信があります。**

これがアメリカ人の「根拠のない自信」の正体のように思います。

しかも、子どもは褒められて嬉しいからまたやろうと思います。親にとっても小言を言わなくても子どもが良い方向に動いてくれるので、一石二鳥なわけです。

でも、そんな中で私だけが、

「うちの子、大丈夫ですか？　ついていけてますか？」

「来学期はどうしたらいいですか？」

「この子のダメなところを教えてください！」

などと先生から何か注意をしてほしいと思っていました。

帰りの車の中で夫に、

「結局、来学期はどういうふうにすればいいの？」

と聞いたら、

「だから、何の問題もないって先生も言っていただろう。いいんだよ、そのままで」

と、その会話を終わらせてしまいました。

今考えると、我ながら非常に**「日本人的なマインド」**だったと思います。

息子は3歳からハワイで生活しているので、現地に生まれた子よりも英語が話せないと、私だけが心配していたんですね。

だから、先生にきっと怒られるだろう、何か注意をしてほしいと思っていたのです。

私がたまに「勉強、大丈夫なの？」と聞いたりすると、息子からは「ママは僕を信じていないの？」と返されます。

## ▼子どもの自己肯定力は日本の親が失わせている

こうした傾向は、ほとんどの日本人の親が持っているのではないでしょうか。

アメリカの親のように、子どもが何かしたいと言ったときに「You can do it!」とは言いません。**「危ないからやっちゃダメ」「できないでしょう」と、どちらかというとやめさせようとします。**

**特に留学など、親の知らない領域に子どもが入ろうとするときは顕著ですよね。**

日本人は、本当に心配させたら世界一というか、ネガティブキャンペーンについてのスキルはピカイチだと思います。

ひとつの問題に対して、どれだけ多くの心配事が出せるかを競わせたら、圧倒的に日本人が勝つでしょう。

そのかわりに、ポジティブな意見をくださいと言われたら、シーンとしてしまう。

なぜこうなってしまっているかというと、**過剰に心配する親のすり込みが原因**です。

さらに日本には謙遜の美学がありますから、「うちの子なんて大したことないです」などと、平気で子どもをけなしたりもします。

身内を褒めると「自慢している」と取られてしまう文化だからです。

その結果、自己肯定力が低すぎる、自信のない子どもを育ててしまうのです。

じつは、日本人だけでなく、韓国人や中国人なども含めて、アジア人の母親には、共通した問題があります。

アジア人のお母さんは、**物事の過程とか、なぜこういうことをしているのかという根本的な動機を評価せず、成績がいい、合格できたなど、わかりやすい数字で子どもを評価しがち**なので、子どもが国際人になっていく過程で必ず衝突してしまうのです。

子どもが良い成績を取れなかったときに、その過程や努力を称えてあげられず、「何で失敗したの」とか「何で点数が取れなかったの」と責めてしまうんですね。

これは、アジアの社会が、点数で人を評価する傾向にあるためでしょう。

だから、子どもが国際人になればなるほど、

「なんでママは点数しか見ないんだ」

と言われてしまいます。

「僕は一生懸命やったけれど、こういう理由で今回はうまくいかなかった。でもこういうことを学んだ。そこをもっと評価してほしい」と。

**国際的な評価の基準は、点数だけではないのです。**

**世界にはいろいろな人がいるし、正解もひとつではありません。**むしろ、点数では評価しにくくなっています。

ダイバーシティを理解した子どもたちのほうが、このことをよく知っています。

いい学校を出て、いい会社に入ることが良い時代だったのは、昭和の話です。

とっくに時代は変わってしまいました。

親が、相変わらず過去に囚われたエリート思考を引きずって、未来の多様性を理解できないと、子どもの能力を活かせるフィールドが極端に狭くなってしまいます。

# 第3章

# 世界で勝てる子どもが育つ「ハワイ思考」とは？

# ダイバーシティから ビジネスのヒントを見つける

美しい自然に恵まれた南の島ハワイには、南国特有ののんびりとした大らかな習慣があります。世界各地から人が集まってくる〝癒しの土地〟であり、観光業に従事する人が多く、ハイテク産業がないのも特徴です。

有名なリゾート地であるハワイには、多くの企業が世界中から進出しています。私の夫は、ワイキキの主要企業２００社のメンバーから成り立つ、ビジネスアソシエーションのトップとして、20年もの間、ワイキキを開発し発展させてきました。世界中からたくさんの観光客が来ていただけるように、ハワイの良さを残しながらも、ワイキキの経済の発展をさせていくためには、変えていかなければならないこともたくさんあります。夫はワイキキのビジネスリーダーとして、住民の反対を収め、法律の改正など、数々の問題も改善してきました。

夫は仕事柄、政財界との繋がりが深く、パーティーやイベント、オープニング、チャリティーなどに招待される機会が何度もありました。

アメリカは、夫婦同伴で参加することが多いため、私も夫とともにハワイのトップの方たちとお会いし、その中でハワイの社会の成り立ちやビジネスなどを学びました。

アメリカの場合は、富める者はますます富むという社会ですが、それを社会に還元するための税制があります。企業の地域貢献が、ハワイを良くし、盛り上げ、ハワイ経済や不動産価値を上げているから、インフレを続けているのです。

**ビジネスで成功したとしても社会貢献しない人は成功者とはみなされないですし、企業も地域貢献をしなければ、その土地の住民たちに支持されない**ということがわかりました。

そして、ハワイを引っ張っていっている成功者やエリートと呼ばれるリーダーたちは、社会貢献の場所にしか出てきません。ですから、彼らに出会うためには、社会貢献に参加することです。

私たち日本人が他国でビジネスを始める際に、最初にすることは、社会貢献です。そして、そこに集まるリーダーたちから学び、現地の状況を把握して人脈をつくっていくことが、ビジネスの成功のカギです。

**他民族の国では「誰からの紹介か」がとても重要で、紹介する側も自分の信用問題になりますので、よく知らない人は紹介しません。**

**だから、人脈が非常に大切なのです。**

また、私は女性リーダーを育成するプログラムにも参加し、アメリカの女性たちはどのようにリーダーとして仕事も家庭も社会貢献活動もしているのかを学びました。

その中で一番驚いたことは、「決断までの速さ」です。異なる大勢の人たちをまとめるための分業化やシステム化についても、多くを学び、女性のマルチタスク能力はこうやって活用するのかと思いました。

もし夫がこのような仕事をしていなかったら、ハワイ経済、観光産業、アメリカのリーダー、富裕層、政治家、地主の権力、貧困問題、地域問題などを、直接見て感じる機会はなかったと思います。そういう意味で、私は非常にラッキーでした。

私は、今後日本は、観光産業でしか外貨を入れられなくなるのではないかと考え、世界の方に日本に来ていただくためには、ハワイの観光地としての成功事例が役立つのではないかと思っています。

## ▼日本企業のハワイ進出

ハワイは、日本人が最も親しみやすい海外のひとつであり、日本人が海外にビジネス進出する最初の場所としても人気です。

ハワイ州は１４０万人の小さな島で、年間72万人の観光客が訪れますが、日本よりはるかに小さいマーケットです。

しかし、どこをターゲットにするべきなのか、現地を学ばずに日本と同じやり方で出店して、多様性に対応できずに、1年以内に撤退する企業が残念ながらとても多いのが実情です。

**ハワイでビジネスをして成功するためには、多様性の中に、ビジネスチャンスを見出すことです。これが「ハワイ思考」とも言うべき考え方です。**

そして、よくロコ（ハワイで生まれ育った人たち）に聞かれる質問が、「日本人はどうして、多額な出店投資をして、すぐに撤退するのか」ということです。

まさか、ハワイの人がのんびり動くせいで人件費が日本人の2倍かかるし、オープンが6ヶ月～1年くらい遅れるのがあたりまえだから、開店前に資金がショートするんだよとも言えません。

また、個々の意見を持った、多様性のあるスタッフを扱えないというのが、日本人経営者にとっての一番の課題です。私たち日本人が「郷に入れば郷に従え」と、まず相手の文化背景と生活を理解し、そのうえで海外ビジネスをしていければいいのですが、実際には非常に難しいことのようです。

ほかにも、「なぜ日本企業は、ハワイの社会貢献活動に参加しないのか？」とよくロコに聞かれますが、日本では寄付はこっそりするのが美学です。

しかしアメリカでは、社会貢献活動をこれだけしていますと、企業PRの一環として捉えている部分もあります。「ハワイに貢献してくれているから、この企業を利用しよう」と消費者側に応援してもらえる企業づくりが、重要なポイントなのです。

たとえば、ハワイにおいてホノルルマラソンなどは、12月の閑散期に日本からたくさんのランナーを連れてくる、一番集客力のあるイベントのひとつです。

ここでJALは、スポンサー企業として長年イベントをサポートしており、地域に貢献している企業としてロコ達の知名度も高く、親しまれている日本企業です。

私もハワイで起業するときに、社会に役立つ応援される企業づくりをしようと思い、癌治療後のスキンケアを取り入れた、敏感肌専門のエステサロン「グリーンスパハワイ」を最初に開き、多くのトラブル肌でお困りの方の改善をお手伝いしています。

また、自社ブラント化粧品をつくったときには、病気にならない美容を提案し、未来の子どもたちに貢献するために、チャリティー活動への支援をするときには、ハワイ名のついた化粧品会社の「カハラオーガニック」のほうで、ドネーション（寄付）させてもらっていますし、東日本大震災の被害にあった子どもたちへもサポートさせてもらっています。

バブルの頃は、日本企業はビジネスの相手としてちやほやされていましたが、**今やお金を使わない観光客として日本人市場へのマーケティング費用なども削られており、数字で冷静に考えると、日本人マーケットだけに絞ったビジネスだと需要がない**というのが、シビアな現実です。

しかし私は、それでも、日本人としてチャレンジしていきたいですし、世界から相手にされてないからこそ、そこにチャンスがあると思います。

ハワイの人たちは、親切であたたかいので、どこの国から来た人でも受け入れてくれます。その中で、私たちが良いもの、良いサービスで、良い貢献をハワイにしていけば、尊敬してくれて、必ず支援者は現れるはずです。

実際、たくさんの日本人経営者がハワイでも活躍しており、特に日本人女性の活躍が目立ちます。

世界の人に利用されているワイキキトロリーの社長も日本人女性ですし、ハワイ不動産の売上トップランキングの上位にも、多くの日本人女性がロコに混じって頑張っています。

私は海外で起業して、毎日がとても面白くて楽しいと思っています。

海外でのビジネスは、つねにありえない問題が巻き起こるのが、あたりまえです。

それをゲーム感覚でクリアーしていくんだと考えると、むしろ楽しみです。

そこには、チャレンジすることでしか味わえない体験があります。

日本人のビジネスマンには、ハワイ思考で多様性の中からチャンスをつかみ、もっともっと世界にチャレンジしてほしいと思っています。

## ▼世界どこでも稼げる子を育てる

ハワイの親のすべてが、わが子を経営者にしたいと思っているわけではありません。

しかし、これからのすべての人にとって、ハワイ思考を持ち、経営者の視点に立って、世の中や社会を考えていくことは必要なスキルです。

アメリカのようにヘッドハンティングの国で、自分のキャリアや年収を上げていくためには、どのくらい会社に貢献したかが厳しく問われます。

経営者目線で仕事ができる人は、どこでも必要な人材になるでしょう。

私たちが日本で受けた教育は、まじめに働いてくれるサラリーマンを育てる一流の労働者教育でした。その教育によって奇跡ともいわれる戦後復興を果たし、高度成長期に日本をつくり上げてきたともいえます。

しかし、**これからは、新しいことを生み出せない、斬新な発想力を持たない、指示待ちの労働者は、すぐに人工知能に変わっていき、必要とされなくなるでしょう。**

未来の子どもたちに必要な能力は、人工知能に代わりができないものです。

それは、従来の詰め込み教育、もっといえば正解主義では育ちません。

**自主的に考える力、コミュニケーション力、チームワーク力、選択力、決断力など経験を通して培っていく能力**です。

アメリカの教育は、どんな状況でも「自分で考える力」を伸ばします。

ビジネスの世界では、たいていが、答えのないところから何か新しいものをつくり上げていくことが勝負です。

どんな状況であっても、今やるべきことを自分で考え、自ら走ることができる力が、これからの日本人に必要なスキルだと思うのです。

私たち親が共通する願いは、**「世界のどこででも稼げる子ども」**になってほしいということではないでしょうか。

しかし、自分たちが育った頃と同じ子育てでは、時代遅れの人材をつくり上げてしまうことになるのです。

# 高収入の男性が「高収入の女性」を選ぶ理由

アメリカは収入格差も大きく、１％のお金持ちで成り立っているとよくいわれます。物価高のハワイでは、平均世帯収入が７００万円くらいあれば暮らせるかなという感じです。ですから専業主婦が少ないのですが、その中でも専業主婦をしている奥様に元の職業を聞いてみると、高学歴、高収入であることがほとんどです。

**こういう女性は復帰しようと思えばいつでもできるので、あえて専業主婦になって、仕事で培った能力を家庭教育にフルに活かして子育てに専念する方が多い**のです。

さらにいうと、お母さんの収入によって、子どもが受けられる教育もまったく変わってきます。

終身雇用制度のないアメリカでは、業績が上がらなかったりすると契約更新されないということが日常茶飯事としてあります。お父さんが解雇されたら、生活レベルが一気に下がってしまい、子どもたちの学費を払うこともできなくなります。リスクヘッジのためにも、お母さんの収入がバックアップになってくれたら一番いいですよね。

まさに、家族が一企業という考え方です。

こうしたことから、**高収入の男性ほど、自分の収入と同じくらい稼げる女性を妻に選んでいます。**そうしないとリスクが高すぎて結婚できないのです。

ここでアメリカ人の平均所得をみてみましょう。

**【アメリカ人の平均所得】**
**・アメリカ人の平均収入：56516ドル**
**・アメリカ人の世帯収入：117795ドル**

・ハワイ州の平均収入：64514ドル
・ハワイの平均的家賃（85㎡）：2389ドル（2ベッドルーム）

またアメリカでは、子どもの春休み、夏休み、冬休みが、年に2ヶ月〜3ヶ月ほどあり、その休みの間に、勉強以外のことを体験させたりするには、やっぱりそれなりにお金が必要です。

冬はスキーに行かせてハワイではできない体験をさせたり、パリでに行ってお菓子のつくり方を習わせたり、日本に行かせて違う文化を体験させたりと、お母さんの能力によって子どもの受けられる教育が変わってくるのです。

## ▼「プリティ・ウーマン」なんてあり得ない！

このように、日本と違って終身雇用ではなく、男女平等の国なので、結婚して養うとか養われるとかいう考えはありません。

結婚相手は、家族という企業を運営するパートナーという感じなので、頭のいい人は頭のいい人と結婚するし、高給取りの人は高給取りの人と結婚するなど、2人でいたほうがより良く向上できる相手を選びます。

ですから、格差婚や玉の輿婚はほとんどありません。

ジュリア・ロバーツが主演の『プリティ・ウーマン』という映画がありましたが、現実的にはあり得ない話なのです。

たとえば、お金持ちのお家や大企業の社長の奥さんの多くは、100人～500人規模のパーティーを仕切れるくらいの人でないと務まりません。

ワインや料理の選定から、当日のスタッフの配置に至るまで、細部にわたって指示ができる人でないと無理ですし、当然、ゲストの名前も覚えられなくてはなりません。

**ハワイの大きな会社の奥さんは日本人女性も多く、日本のマーケティングを一手に引き受けてやっていたり、お金の運用を任されている頭のいい人が少なくないのです。**

イチロー選手の奥さんの弓子夫人も、投資家として知られていますよね。

また、メジャーを狙う日本人の野球選手は、帰国子女のアナウンサーの女性を結婚相手に選ぶことが多いのも正しい選択だと思います。

海外では夫婦同伴が多いので、英語でのコミュニケーションができないとパートナーとしてやっていくのが難しいのでしょう。

メジャー移籍も、奥さんの力量次第といったところでしょうか。

**結局、エリートの人たちは、キレイだけどブランド物を大量に買って消費して、自分の家の資産を目減りさせる女ではなく、一緒に資産を増やしていけるような女性と結婚するのです。**

アメリカの男性は結婚する前に、相手女性の資産を聞いたりもしますし、その人が今、働いてなかったとしても、前の年収や親が日本に土地や家を持っているかなど、全体の資産を把握してから判断します。

なんとなく資産で人を見ているようなところは正直ありますが、日本の女性が「3高」の男性を求めるのと同じで、結婚をリスクにしたくないと思っているのです。

こうして強いものはさらに強くなっていくのが、アメリカという国のシステムです。

だから、自分のキャリアが上がっていくと、結婚相手との成長スピードに違和を感じるようになり、自然と離婚に発展していくケースが少なくありません。

結婚も転職のようなものかもしれません。だから、離婚が多いように思います。

ただ、こうした傾向は、今後、日本でも増えていくと思います。

結婚をゴールとするのではなく、自分の幸せの価値観をどこに求めるのか、それを子どもにしっかり教えておく必要があるでしょう。

# アメリカ人は一生涯で不動産を2、3回転がす

アメリカ人のお金に対する考え方は、日本とまったく違います。

最近、日本でも不動産投資をする人が増えてきましたが、アメリカの人たちは早くから行っています。

なぜかといえば、18歳前後で大学に進学するときに実家を出て、大学を卒業して就職するときは友だち同士で2ベッドルームのアパートを借りたり、買ったりするからなんですね。

その後、どちらかが結婚することになったら、高く売れるときに売って、その売上を2人で分けたりするのです。

アメリカ人の場合は、日本のようにマイホームを持ったら、ずっとそこに住むとい

う感覚がなく、**家族が増えた、減った、子どもが大学に行っていなくなった、リタイヤしたなどのタイミングごとに、平均して不動産を2～3回転がす**といわれています。

不動産を買うのはもちろんローンですが、不動産が資産価値として認められているので、**ローンは人のお金を回しながら「将来の利益を得るための投資」**だという考え方をしているのです。

日本では住宅の資産価値は目減りしていくものですが、まったく違う感覚なんです。

## ▼ファイナンシャルアドバイザーは「一家に1人」があたりまえ

「貯蓄から投資へ」と国が促しているにもかかわらず、相変わらず日本人は貯金が好きで投資を避ける傾向にあります。

いつ起こるともわからない「万が一」のときのために、史上空前の低金利で預けっぱなしにしているのです。

いっぽう、**アメリカ人の資産の内訳をみると、不動産や株式が半分以上を占めてい**

**ます。さらに貯蓄率を見ると、62%が1000ドル以下。貯蓄口座なし、貯金なし、という人が半数近く**いて、日本とはまったく対照的です。

また、「お金は回すもの」という考え方が定着しているアメリカでは、一家に1人、ファイナンシャルアドバイザーをつけています。

日本では、ファイナンシャルアドバイザーは大企業か大金持ちの人が雇うものというイメージですが、アメリカではごくあたりまえにお金を払って、プロに自分たちの資産状況を定期的にみてもらっているのです。

**ハワイでも同様で、ファイナンシャルアドバイザーが家計をチェックし、保険の見直しや、投資に回すお金についてアドバイスをしています。教育費も計算されたうえで投資分を割り当てられています。**

たとえば、500万円の貯金のうち300万円は投資に回しましょう、と言って、ファイナンシャルアドバイザーに預けたりもします。

## 資産運用している人の投資内訳

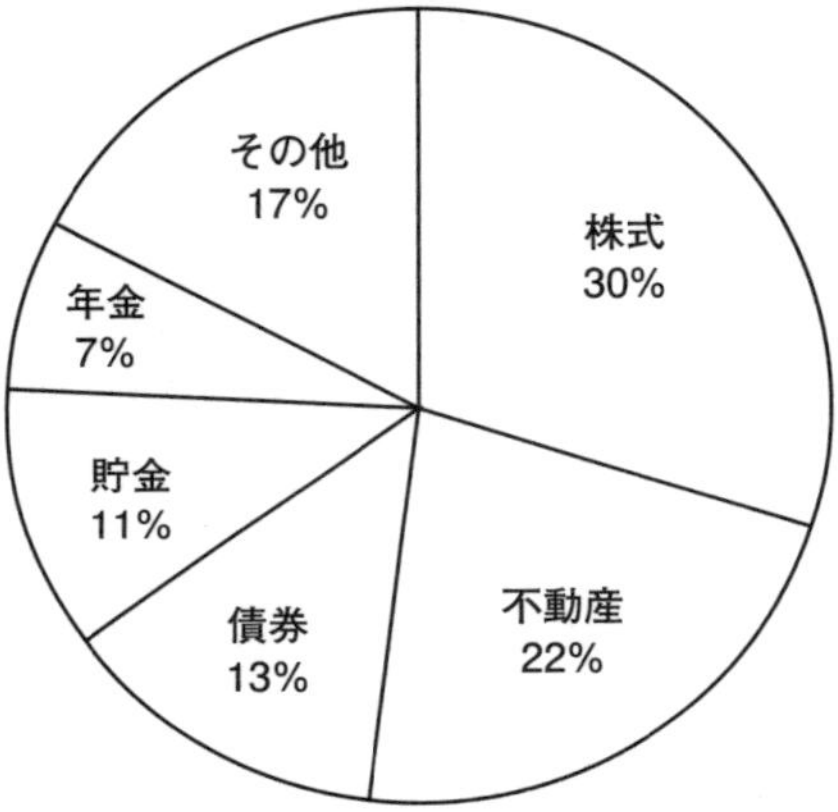


出典：IRS（アメリカ合衆国内国際入庁）のデータを基に作成

## アメリカ人の貯蓄額

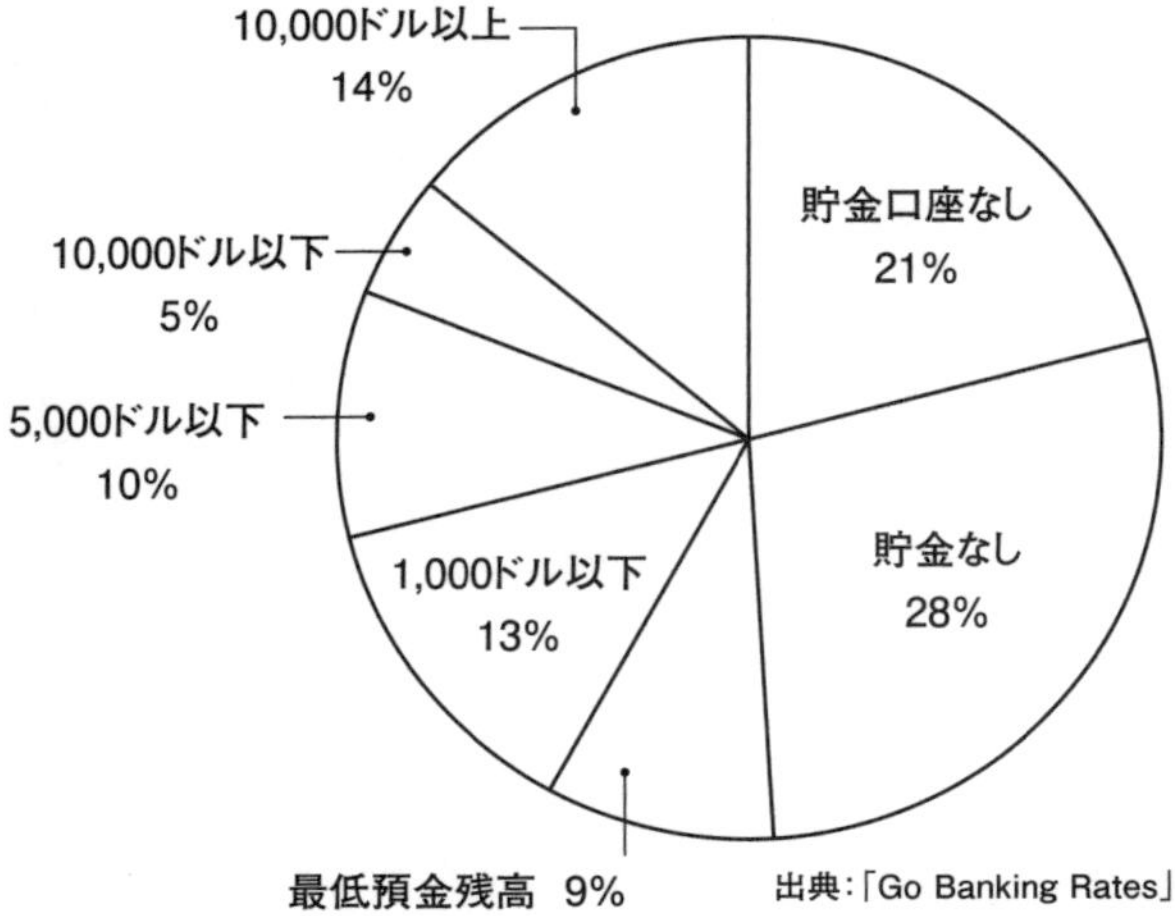


出典：「Go Banking Rates」のデータを基に作成

自分たちがいちいち株価を見て操作するのではなく、リスクを理解したうえで、今あるこのお金は銀行に入れておくよりも、この人に預けてファンドで殖やしてもらおうと、バランスを見ながら各家庭でお金のマネジメントをしているのです。

日本であれば、一般的にお母さんが収入の中でやりくりしていて、お金を回して殖やすという発想はなかなかないようです。

しかし、収入が頭打ちになることが予想されるこれからの日本では、家計を維持していけるかどうかは、お金を運用するスキルにかかっているのではないでしょうか。

# 現金を持っている人はアヤシイ

日本ではいまだに現金主義ですが、海外では「現金＝表に出せないお金」というイメージがあります。

キャッシュオンリーのお店は、「税金を払っていない店なんだな」と思われるし、現金をたくさん持っている人はアヤシイ人だと思われてしまいます。

ハワイでも、現金はお財布にちょっと入っているくらいで、支払いにはもっぱらカードを使います。カードを使うことによって、どこでどんなお金が動いたのかということが明るみに出て、税金が払われるようになっているのです。

しかし、日本でクレジットカードがつくれたから、ハワイに移住してもつくれると思ったら、そうはいきません。

なぜなら、アメリカでの信用取り引きを1回もしてないため、クレジットスコアがないからです。

**「クレジットスコア」とは、信用度を点数化したもの**です。クレジットカードの利用履歴で判断され、カードを使えば使うほど、そしてお金を返せば返すほど、どんどんスコアが上がっていきます。

ですから、カードがつくれない人は、社会的な信用がないとみなされるんですね。その信用の失墜というのは、日本よりもはるかに厳しいものがあります。

不動産を買う場合のローン審査も、クレジットスコアが重要視されます。**奥さんは何点、旦那さんは何点というふうに、一人ひとりのクレジットスコアがあって、その2人がそのローンを組むなら何点以上になるのでOKという、わかりやすい世界です**。自分のクレジットスコアは、調べればわかります。

つまり、奥さんが専業主婦で、旦那さんのカードを使っている人は、自分のスコアが一切残らないというわけです。

たとえば、自分名義のカードを持ち、スーパーなどで食材や日用品を買うのもすべてカードで支払って、それを滞りなく返済していければ、どんどん信用が増え、その点数も増えていきます。

だから、アメリカではクレジットカードを使わないと信用が得られないのです。

## ▼「見えないお金」にこそ信用がある

これほどクレジットスコアが重要視されるのは、アメリカが多民族の国で、その一人ひとりの信用評価をどこでするのかとなったときに、クレジットカードの履歴によって判断しているからです。

**どれだけのお金を借りて、返せているのかという、非常にシンプルでフェアな判断基準がクレジットスコアなのです。**

そんな私もハワイに来た当初、日本の慣習に倣って現金主義だったのでキャッシュで車を買ってしまったことがありました。

そんな私に夫はすごく驚いて、

「カードで買えばその分、アメリカでのクレジットヒストリーがついたのに」

と呆れていました。

たしかに、クレジットカードを使えば、300万円の車の代金を、この人は支払える経済力のある人だという評価ができたのに、現金で買ったばかりに評価がゼロになってしまいました。

同じお金を払うにしても、意味合いがまったく変わってくるのです。

いまだに日本人の中には、クレジットカードで買い物をするのは借金をするような感覚で、しかも使った金額がわからなくなるんじゃないかと不安に思う人もいますが、そもそも自分の資産状況は、自分の頭の中である程度把握しているのが当然です。

**アメリカ人からすれば、カードを使ったからわからなくなったということ自体が、あり得ないのです。**

ただし、アメリカの人たちは、何事も自分で確認するというのが基本的にあるので、夫はカードの明細をどんなに少額でもチェックします。内容が間違えていないか逐一確認し、はいOKとなったらサインをしています。

日本人がそれをやっていたら、なんとなくケチ臭いというイメージですが、アメリカ人にとっては**「お金は必ずチェックしろ」**なんですね。

注文の内容が間違っていたり、他人の伝票が回ってきたり、チップが既に含まれていたりということがちょくちょくあるから、小さい頃からチェックするようにしつけられてきているのです。もちろん契約書も隅から隅まで全部見て、必要があれば交渉し、変更してもらったりしています。

私は、ずっと日本人として育って、性善説に立つというか、相手を疑うのは失礼にあたると教育されてきたので、ハワイに来て文化的な違いに最初は戸惑いました。

ハワイでは、「騙されると思っていけ」といった考え方がベースなんですね。何事も自分の目でチェックしないと自分が損をすることになります。

だから、日本人が海外で「騙された！」という話が後を絶ちませんが、それは確認しなかった自分が悪い、という受け止め方です。

このように、**小さい頃からキャッシュレスがあたりまえの世の中で育つと、お金というのは、目に見えるところの部分だけじゃなくて、いろいろなところで動いていて、出たり入ったりしていることが、わかるようになります。**

日本人にとっては、お金は目に見えるものだし、現金があるかないかが非常に重要ですが、ビットコインなど、新しい通貨も出てきました。

子どもたちには、新しい情報をもとに、お金について教えることが大事なのではないかと思います。

# 第4章

# 学校歴はビジネス成功へのパスポート

# 合理的なアメリカの教育システムとは？

アメリカの教育システムは、日本とはかなり違います。

日本では、全国のどの地域で教育を受けても一定の水準の教育を受けられるように、文部科学省の「学習指導要領」に則って、小学校、中学校、高等学校などのカリキュラムが決められています。

しかし、アメリカは自由の国ですから、**州によって教育のシステムが異なり、義務教育の期間すら、州によって16歳までだったり18歳までだったりとさまざま**です。

固定資産税によって、その土地の公立学校（パブリック・スクール）の教育予算が決まるので、住んでいる地区によって教育レベルが異なります。

そのため、「今年は音楽の先生を雇う予算がないから、音楽の授業はありません」

などと、音楽、体育、美術が学べない年があったりもします。日本ではとても考えられないことです。

公立校の入学も申込書には、「住んでいる家がありますか？」という質問事項があり、ストリートチルドレンと呼ばれる子どもたちの教育も、アメリカが抱える深刻な問題です。

いっぽう、カハラやハワイカイといった土地の価格が高いエリアは、固定資産税が高く、寄付金もたくさん集まるため、公立学校でも設備が整っています。

私立学校（プライベート・スクール）は、住んでいるエリアに関係なく、水準の高い教育を求めて自由に学校が選べます。

そのほか、**ボーディング・スクールといって全寮制のカレッジ・プレップスクール（大学進学準備校）に通う子どももいます。**教育は教室の中だけで行われるものではないという理念のもとに、勉強だけでなく、礼儀、規律、集団生活における自主性と自立を学ばせる学校です。

カレッジ・プレップスクールには、名家の子女で学力の高い子たちが集まっており、卒業後、有名大学への進学の実績もあることから、アメリカでのスーパーエリートコースというイメージです。ハワイ島に1校あります。

ハワイ州の義務教育は、日本の幼稚園の年長にあたる6歳から始まり、小学校、中学校、高校と合わせて18歳までです。

その区切りも、日本と同じように6-3-3制の場合もあれば、6-2-4制もあり、学校によって自由に決められています。

学年の区切りについては、日本は一律で4月1日生まれから3月31日生まれの子までが同じ学年になりますが、アメリカでは学校によって違っています。

学校によっては、女の子は9月30日生まれまで、男の子は6月30日生まれまでと、その学年の男女の成長速度に応じて区切っているところも少なくありません。小さいうちは女の子のほうが発達が進んでいるから、このような措置が取られているのです。

学年の区切りが学校によって違うので、境目の誕生日に生まれた子は、今年はこの学校を受験できるけれどあの学校は受けられない、あるいは、この学校では1年生だけどあの学校では2年生、といったことが出てきます。

**一見、なんだかややこしいシステムのようですが、逆にいうと、子どものレベルによって入る学年を選べるということです。**

それに関連して、自分の子どもがちょっと皆についていけなさそうだなと思えば、学年を下げて受験させることもできるし、とても頭がいいからここではつまらないだろうと思えば、学年を上げて受験させる「飛び級」も可能です。

ですから場合によっては、1学年に正規の年齢の子、下の子、上の子と3年齢の子が入っていることになります。

また、私立も公立も、成績が悪ければ小学生でも落第します。

幼稚園ですら、先生の言うことを聞かないとか、すぐにケンカして友だちを噛んでしまうような子は、すぐに退学処分になります。

だから、「幼稚園退学歴が4回ある」なんていう子も、決して珍しくありません。

さらには、「ホームスクール」といって、学校には行かずに教科書や指導書を使って親が家庭で学習指導をすることも認められています。

ホームスクールを選択する多くの理由は、親たちが所属する学校区に教育効果の高い学習が受けられないなど、公立学校での教育に対する不満があったり、ドラッグや暴力などの問題に巻き込みたくないと考えているからです。学校任せにはせず、自分たちで教育するため、優秀である子も多いです。

不登校の子や病気で学校に行けない子も、ホームスクールやオンラインスクールなどで学習することができます。

息子の友だちは、母親が世界的に有名な学者で、1年間休学し、家族全員で母親の仕事とともに世界18カ国を回っていました。

その間、それぞれの国の歴史や文化などを学び、コンピュータを部品から自分で組み立てたりしながら過ごしていたようです。この家族は全員、5カ国語を話すことができ、父親は専業主夫です。

日本はとにかく、学校に行かせておけばいい、勉強は学校にお任せというところがありますが、**アメリカは選択肢がいろいろとあって、親の教育方針や子どもの事情に応じて、子どもの教育を自由に選べ、他人任せにはしません。**

「とりあえず大学だけは出ておいたら？」というような、安易な気持ちで大学に行かせることもしません。

なぜなら、学費が高いため、きちんと目的を持って、学ぶ意思のある子どもだけが大学に行けばよいと考えているからです。

# 毎年7%上昇し続ける学費

ハワイの私立校の受験は、「卒業生の子どもの枠」「兄弟が在校生の枠」「一般枠」というふうに、各学校によって選考基準があります。

たとえば、**50%が「親が卒業生」または「兄弟が在校生」、そして残りの50%が「一般枠」**などとなっています。

自分の子どもが希望する条件枠は各校によって違いますし、合格倍率も、日本の点数評価よりも複雑です。

たいていは、親御さんがそこの学校を卒業していたら、自分の子どもも同じ学校に入れる傾向があります。それが、ひとつのステータスのような感覚なんですね。

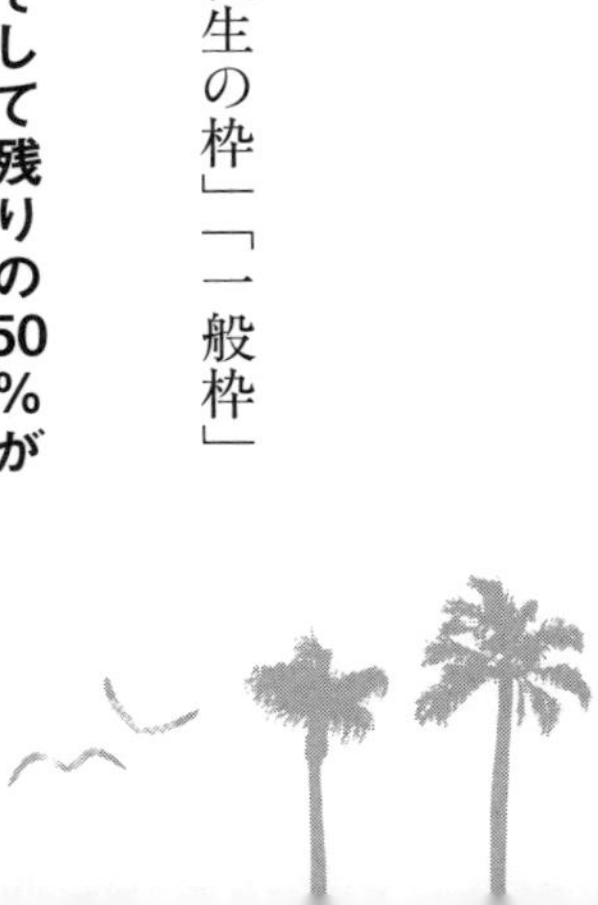

ハワイではトップ3校といわれる、小中高の一貫校があります。

それぞれの1年間の授業料（2017年度）をみてみると、

- **Punahou school（23800ドル）**
- **Iolani school（22575ドル）**
- **Mid Pacific Institute（23185ドル）**

といったように、約260万円とかなり高額になっています。

しかし1年間といっても、実際は2ヶ月半くらい夏休みがありますから、実質9ヶ月分です。**計算すると、1日160ドルに相当します。**

つまり、**1日学校を休んだら160ドル、約2万円の損**をしていることになります。

しかも**教育費は、毎年7%ずつ上がっていきます。**今どき会社のお給料は、年に7%も上がりませんが、教育費だけは経済情勢に関わらず毎年上がっていきます。

その理由は、時代に合った教育をしていくために、常にカリキュラムを新しくし、

ＩＴなどのハイテク機器を備え、質の良い教員を集めるためのようです。

だから、今育てている子より、当然、今赤ちゃんの子のほうが、もっと高い金額になるということになります。

息子は現在16歳。ざっくり大学まで見積もって、１億円ほどかかると思って覚悟しています。この金額を無駄にさせるものかと、親も子どもも真剣です。

日本でも、医学部や歯学部に行った人たちはほとんどその職業に就きますよね。やはり高額な教育費を払っているので、それだけの元を取ろうと思うからでしょう。

アメリカ人の親子も、その点はまったく同じです。

## ▼喜んで寄付金を払う親たち

アメリカの学校の場合、親が支払う寄付金も桁外れです。

一口30万円程度の日本と違い、運動施設や研究棟を一棟建てる、なんていうケースの寄付もあります。

それも、**イヤイヤ払うというのではなく「喜んで寄付させてもらいます！」と払う**のです。なぜなら親が、その学校の教育に対して尊敬や感謝があるからです。

日本では子どもの教育を学校に丸投げして、積極的に協力はしないといった感じがありますが、アメリカの親はこんなに良い教育をしてもらっているのだから、ぜひ寄付させてほしい、ボランティアもしたい、と考えるのです。

ボランティアについては、希望する親が多すぎて、取り合いになることもあるくらいです。

日本で話題になった「モンスターペアレント」もいることはいますが、基本的には「よくそんなこと言えるよね」とひんしゅくの対象です。

いっぽう学校側も、親の協力は評価対象のひとつとしてみています。

ハワイの学校でも、学校のエントランスに可愛い子どもたちの写真がたくさん飾られていて「何のディスプレイかしら？」なんて思っていたら、寄付をした親の子どもたちだったりするのです。親の中には、子どもの顔を貼り出してもらいたいがために、寄付する人も当然いるわけです。

それを見て、「ああ、すごくうまくできてるな」と感心しました。


**アメリカ人は、母校愛がとても強く、今の自分があるのは母校による教育のおかげだと考えています。名門校になればなるほど、卒業生から成功者を多く輩出し、寄付金も多く集まってきます。**


親になったら、自分の母校に子どもを通わせたいと思うため、教育への寄付は惜しまずにするのでしょう。

それが成功者としての社会貢献のひとつであり、次世代の子どもをみんなで育てていこうという社会通念でもあります。

だから、奨学金制度も発達しており、貧困などで子どもの才能を潰してしまわないような支援サポートが充実していますし、優秀な子であれば高い教育を受けることができるようになっているのです。

そして、奨学金で学んだ子たちが卒業し、成功したときに、今度は母校に寄付してお返しをするという仕組みになっているんですね。**自分が立派に育ててもらったから、次は自分が後輩を育てようという、素晴らしいシステムだと思います。**

このように社会に貢献しようということが、子どもの頃から教育システムの中にあたりまえのベースとしてあるのです。

学校にとっても、たとえば第44代大統領になったオバマさんのように、優秀な子どもを育て、将来活躍してもらえれば、大きなネームバリューになります。

日本では「とられるもの」というイメージの寄付金ですが、子どもをハワイで教育するうちに、生きたお金の使い方として優れたシステムだなと思うようになりました。

日本の子どもの学力が世界のランキングから下がっていってしまうのは、授業料や寄付金の使い方がうまくなく、最新の教育が受けられる環境が整っていないからかもしれません。

# 将来、子どもが自分の国を選べるように

私は、息子に二重国籍という選択肢を与えましたが、理由のひとつには、**子どもの20年後の未来を考えたとき、経済の良い国、情勢の安全な国、学びたい国、就職したい国、年金や医療などの整った国など、子ども自身が選択できたらいいな**と考えていたからです。

現在の日本の法律では、二重国籍の人は22歳までに国籍を選ぶことになっていますが、過去の私のように後悔するような生き方はしてほしくないのです。

私自身、日本の大学に進学しなかったのも、今後、世界の多くの学生がアメリカの大学を目指すようになるのではと思っていたし、留学した後、アメリカでキャリアを

積みたいと思っていました。

しかし、ビザの問題で断念せざるを得ませんでした。

そのとき、二重国籍だったらなと思ったこともあり、息子にはそんな思いをさせたくない、多くの選択肢を与えてあげたいと思ったのでした。

二重国籍の教育的メリットとしては、留学や教育移住をする際も、学生ビザは必要ありませんし、授業料は現地料金になることです。

通常、留学生の場合、税金を納めていないので、公立の学校に留学することができないのですが、アメリカ国籍があればアメリカ人と同じ条件で、すべての学校へ進学することができます。

日本の経済の衰退、英語の必要性、ＩＴやＡＩの発展、世界が近くなることを考えると、ひとつでも多くの選択肢があったほうがいいのではないかと思うのです。

## ▼ハワイの出産にかかった費用

出産する病院の手配については、緊急事態に備えて日本語を話せる医師がいることが絶対条件でしたので、該当する産婦人科医を紹介してもらい、保険なしの自費出産について問い合わせました。

ハワイでは、日本のように、あれを食べるな、冷やすな、太るななど特に注意されることもなく普通に暮らし、出産直前まで働くのが一般的です。

私の担当医は女医の妊婦で、しかも息子と出産予定日が同じでしたから、

「私の出産が早かったら、ほかの先生に変わるからね」

と前日まで働いていました。

私の陣痛が始まって病院に行くと、先生も出産で不在。急きょ担当医が変わったというエピソードがあります。

通常、アメリカの妊婦は無痛分娩を選びますが、私は無痛分娩の注射代がいくらく

らいかかるのかがわからず、自然分娩を希望しました。でも、48時間と難産だったため、途中で無痛の注射を打ってもらい、オプショナル料金を支払いました。

ハワイでの自費出産費用は、16年前の段階で、滞在費も含めてトータル2万ドルほどかかっています。

2017年現在の出産費用をみても、**自然分娩または無痛分娩の健康児の場合、2万ドルから3万ドル**となっています。目安は次のとおりです。

**【ハワイでの出産費用（2017年現在）】**

- **入院費：1泊7000〜15000ドル**
- **初診料（ディポジット）：4000ドル**
- **無痛分娩麻酔（ディポジット）：900ドル〜**
- **検査費：50〜1000ドル**
- **小児科医：2000〜3500ドル（医師によって異なる）**

日本で産めば、30万円〜50万円くらいで済み、さらに還付金がありますが、海外で自費出産の場合は、やはりまとまったお金が必要です。
また、非常にリスクも高いので、分娩時の緊急処置などに備えて、家族でよく話し合っておくことをおすすめします。

## ▼英語の猛特訓と幼稚園のお受験

日本へ帰国後、子どもには生後9ヶ月目くらいから英語の勉強をさせていました。私が大学で留学して英語を話せることで、すごく世界が広がると実感し、また今後は公用語が英語になると思っていました。だから、おぎゃーと生まれた瞬間から、英語は喋れないといけないのではないかと考えたのです。

子どもがつかまり立ちした頃から英語のリトミックに通わせたり、外国人の英語の先生のお宅にお邪魔して、私が英語を習いながら、子どもを先生の子どもと遊ばせたりしていました。

こうやって外国人に慣れさせ、いろんな顔の人がいることを、小さいうちから認識させたかったのです。

一つひとつの単語は、英語と日本語と両方で教えていました。

子ども向けのビデオやテレビ番組もすべて英語のものを見せるなど、子どもが小さな頃からバイリンガル教育のようなものは意識してやっていました。

私の再婚にともない、息子が3歳でハワイに来たときは、幼稚園の受験がちょうど始まる頃で、すぐに願書を出さなければいけないタイミングでした。

それを逃すと、次の年の受験を待たなければ、希望する幼稚園には入れません。

日本では私立の幼稚園を受験する際に面接がありますが、**ハワイでも同じように、幼稚園受験でも面接があり、アルファベットのAからZまでを言いなさいとか、その絵本を見て、主人公が何をしているか言いなさいとか、わりと難しい内容を2歳、3**

**歳の子どもにさせるのです。**

そこで、ハワイに移住したときから、息子ともども急激に英語モードに入り、英語しか話さないようにしました。

英語を猛特訓した甲斐があってか、息子は希望していた幼稚園に合格できました。

そこでの私立有名幼稚園の教育が素晴らしかったため、小学校受験もし、小中高一貫の私立校に通わせています。

アメリカの場合、幼稚園で受けられる教育の差がありますので、そういった意味では、まだ日本から来たばかりなのに私立校に入学できたのは、子どもが小さかったからこそだと思いますし、高学年で受験していたら、入れたかどうかはわかりません。

最初から良い環境で学べたことは、非常にラッキーだったと思います。

## ▼アメリカには公立の保育園がない⁉

日本では幼稚園のお受験があり、お母さんたちは名門幼稚園にわが子を入れたいとさまざまな努力をされているようです。

ハワイでも事情は同じです。ハワイにも有名幼稚園があり、受験を勝ち抜けなければ入ることができません。

**ハワイにも有名幼稚園があり、やはり年間で130～150万円ほどかかります。**

**［ハワイの有名幼稚園の年間費用］**

**・Central Union Preschool（13849ドル）**

**・St. Clement School（11350ドル）**

アメリカでは教育費が高いので、夫婦で教育に対する価値観が合わないといけませんし、子どもの数も、何人分の教育費を出せるのかを勘案しなければいけません。

日本のように平均的な教育をしませんから、入った学校によって、受けられる教育がまったく変わってしまいます。

だから親たちも、教育には熱心にならざるを得ません。


日本では保育園に入れない「待機児童」が問題になっていますが、じつはアメリカには、そもそも公立の保育園がありません。

アメリカの女性は、約2ヶ月くらい産休をとったら、仕事に復帰してしまいます。

そこから子どもは祖父母かベビーシッターさんにみてもらうという感じで、子どもは人に預けて仕事に行く、というのが一般的な感覚です。


**保育園はすべて私立で有料です。今だと、ひと月にだいたい800ドル～1000ドル（10万円～12万円）ほどかかります。**

日本だと3万円くらいで済みますよね。いかにアメリカの保育園が高いかがおわかりいただけるのではないでしょうか。

その代わりに、朝の7時半~夕方5時くらいまで子どもをみてくれます。

だから日本のように、もう職場復帰ができない、預ける先がないということもなく、お金を払って、きちっと教育システムの中に入れさえすれば、お母さんたちは出産前と同じようにフルタイムで働くことができるのです。

そればかりか、もし子どもが2人、3人といて、保育園に預けたとしたら、自分が働いて得るお給料よりも保育料のほうが高くなってしまいます。ですから、ちょっとパートする程度の働き方だったら何の意味もありません。

**そういった意味でも、アメリカのお母さんたちはフルタイムで働くのです。**

**よほどのお金持ちでなければ専業主婦にはなれないというのは、こういうことです。**

いっぽう、生活保護を受けている人やシングルマザーは、保育料や給食費が安くなります。アメリカは中途半端な中間層というのが、最も生活がきついといわれ、一番働かなければいけないし、税金も納めなければいけないしで大変です。

日本ではあたりまえに行ける幼稚園も、アメリカではたくさんの子どもたちが経済的な理由で通えません。

生まれたときから、すでに教育格差が始まっているのです。

義務教育の始まるキンダーガーデンから、はじめて教育を受ける子どもも大勢います。

# 第5章

# 国際的に活躍する子どもを育てるための親の心構え

# 留学はいつさせるのがベスト？

子どもを留学させる場合、まず親子で考えるべきは、その目的です。

語学をマスターするだけなら、日本にいてもできます。むしろ、英語を話せるようになってから来たほうが効率がいいでしょう。

わざわざ留学するなら、何を学びたいのか、何を目指すのか、子ども自身が明確にわかっていないと、留学先で目的を持って学んでいる現地の生徒と仲良くなれません。**受け身ではなく、主体的な姿勢で臨むことが、留学の成否を分けるポイント**であると、最初にお伝えしたいと思います。

そのうえで、**私がおすすめしているのは、高校1年生からの留学**です。

私がハワイに留学したのは大学からでしたが、そもそも留学する人が圧倒的に少なかった30年前はそれでよかったのです。英語が話せる、現地に友だちがいる、ということだけでアドバンテージになりました。

しかし時代が変わり、今は留学することが別に珍しくなくなりました。だからこそ、もっと戦略的に考えてみてはいかがでしょうか。

高校時代から留学することの最大のメリットは、アメリカでしっかりとしたコミュニティがつくれることです。

大学から留学すると、それ以前のつながりがまったくないところにいきなり入ることになります。大学では部活はないし、授業も選択制だから、知り合える範囲が意外と狭いんですね。

しかし、高校は違います。**プロジェクトや課外授業、部活などを通して、生活に沿った文化やコミュニケーションの違いも学べますし、現地校にはその土地に住んでいる子どもが来ているので、地元のネットワークの基盤もつくることができます。**

その後、大学関係の新たなコミュニティをつくれば、世界中に友だちができ、将来ビジネスをするときのツテを世界中に持てることになります。

有名校になるほど有力な人脈がつくれますので、「高い授業料は人脈を買いに行くようなものだ」といわれているのです。

そういった意味でも、今の時代であれば、最低でも高校1年生から留学しておかないと、その後、国際的な人脈を持って世界で活躍するには、ちょっと遅いのではないかなと思います。

また、**日本人のシャイな性格からも、大学で留学して、そこから深い関係を築いていくのは難しい**ということもあるようです。

その点、年齢が小さければ小さいほど、新しい環境になじみやすいので、今後は留学年齢もどんどん低年齢化していくのではないかと思います。

## ▼英語が苦手ならＥＳＬクラスをとるか転校するか

「留学してしまえば英語はなんとかなるだろう」

このように考える親御さんもいるのですが、なんとかなるのは小学校低学年までで、それ以上の年齢は、現地校の同じ年の子どもたちに、とけ込めるくらいの英会話力がないと、かえって劣等感を持ってしまいます。

現地校は、公立学校の場合、移民の国だけあって、**「ＥＳＬプログラム」**を取り入れている学校が数多くあります。

**ＥＳＬとは、English as A Second Language（英語以外を母国語とする人たちのための英語）の略で、非英語圏の学生を対象とした英語コース**のことです。

しかし、留学生は税金を納めていないため、公立学校に入学することができないのです。

いっぽう**私立学校の場合は、留学生向けのＥＳＬプログラムを設けていないところもあり、その場合は、現地のレベルに合わない子どもの入学は難しいでしょう。**

ＥＳＬプログラムのある私立校は多くないので、学校の選択肢は限られます。

仮に、ＥＳＬプログラムのある私立校に入った場合、体育などの英語力をさほど必要としない科目は、現地の子たちと同じ授業を受けることができます。

ただ、国語や歴史など言語がわからないと理解できないような科目は、まずＥＳＬのクラスで英語を学習させて現地校のレベルに達してから、その現地の子どもたちと同じクラスに入ることになります。

こうすることで、留学生を受け入れても、クラスのレベルが下がらないようにしているのです。

しかし、**ＥＳＬクラスを取っても、まだ英語が上達しない場合は、転校したほうが賢明かもしれません。**

というのも、以前、わが家で預かった日本人高校生の女の子は、英語があまりでき

ませんでした。

彼女は有名進学校に留学し、ＥＳＬクラスを取っていましたが、留学してから2ヶ月くらいの段階で、

「彼女は授業についていけないので、家庭教師をつけてください」

と保護者である私が学校に呼ばれて、先生から言われたのです。

ただでさえ、現地校の人よりもＥＳＬクラスを取っている生徒は高額です。

そうなると彼女の親は、授業料のほかに、さらに放課後の家庭教師代も払わないといけなくなるわけです。

私はお預かりしている2〜3ヶ月間、彼女の様子を見て、親御さんに提案しました。

「このままでいくと、留年してしまいますので、もうちょっとレベルに合った学校に、来年受験し直したらいかがでしょう。そうしなければ、せっかく留学しているのに、英語の基礎ばかりで楽しくない、学校も楽しくない、その結果、自分はできないんだ、という劣等感だけが残ってしまいますよ」と。

最終的に彼女は、次の学年から、少人数でアットホームな雰囲気の学校に転校しました。

きっとその学校のほうが合っていたのでしょう。高校4年間の留学を有意義なものにして、きちんと卒業し、今はシアトルの大学に通っています。

このように、子どもの学力レベルを見極め、適切な学校に入れることも、非常に大事なことです。

# ハワイのサマースクールの選び方

お子さんをハワイのサマースクールに参加させる場合の注意点があります。

それは、**日本の夏休みとアメリカの夏休みの時期がズレている**ということです。

現地の子のサマースクールは6月から始まりますので、日本の学校を休ませないと現地の子どもたちと同じスクールに入れません。日本の夏休みに合わせてハワイに来ると、現地校のほとんどの子どもたちは、すでにサマースクールが終わって新学期が始まっているか、バケーションに出かけている時期です。

現地校でも、8月中旬くらいまでサマースクールを設けているところもありますが、英語があまりできない子が海外学習体験をしたい場合などは、英語学校がやっているサマープログラムに入ることになります。

いっぽう、ある程度、英語でコミュニケーションができる子は、現地の学習塾などを利用して、その本人のレベルに合った現地の英語を指導してもらったほうがいいと思います。

私が現地のサマースクールに参加させる時期にこだわるのは、以前、こんなことがあったからです。

ハワイの知人が、夏休みの時期にワイキキで日本の子どもたちを対象にしたサマープログラムを運営したことがありました。

インターナショナルスクールに通っていて、ある程度は英語が話せる子、まったく話せない子、いろいろな子どもが参加していました。

いい機会だからと、息子をアシスタントティーチャーに使ってもらい、子どもたちの面倒を見させたんですね。すると息子は、

**「日本の子って、なんで英語の国に来てるのに日本語を喋れるんだろう」**

と言うのです。

「僕は日本に行ったら日本語を喋っているのに……」

息子には、彼らの言動が不思議に映ったようです。

考えてみれば、**日本の夏休みに合わせたサマースクールは、日本人しか来ないから、子どもたちにとっては、日本の学校と変わらないのです。**

だから先生やスタッフ以外とは、英語を話さなければ、と思わないんですね。

また、そのクラスでは、みんなで演劇をやりながら英語を勉強したり、動物園や買い物に行って、実践で英語を使わせたりするという、とても良いプログラムでしたが、日本の子どもはシャイですから、自分から率先して話すことができないようでした。

これでは、せっかくお金を払って、わざわざハワイのサマースクールに参加させる意味がなくなってしまいます。

では、現地の子はサマースクールでどんな勉強をしているのでしょうか。

たとえば、**みんなでロボットを1台でつくりましょう、映画を1本撮りましょう、レゴで大きな作品をつくりましょう、ずっと絵を描いていましょうなど、子どもの興**

**味があるものを夏休みの間に学ばせて、良いところを伸ばしていくというのが、本来の夏のプログラムの目的です。**

または、子どもを夏の間はずっと遊ばせたい、だけど自分は仕事しているからどこにも連れていけないという場合、「サマーファン」といって、動物園や海、プール、美術館、ハイキング、ＢＢＱに日替わりで連れて行ってくれるプログラムもあります。

高校生くらいであれば、新学期でやる授業や大学の単位をサマースクールで取って、その学年でやるカリキュラムを先に完了させて、新学期の授業を楽にする子もいます。日本でいえば、４月から始まる新学年の古文の単位を３月の春休み中に取って、終わらせておくようなイメージです。

このように、サマースクールひとつとっても、子どもを学ばせることに、親がどれだけ戦略的に計画し、取り入れていくかで、学力の差がついてしまうのです。

ひと言で「サマースクール」といっても、さまざまなプログラムがあります。参加する前に、何を目的とするのか、親子で明確にしておいてください。

# 子どもの人生を拡げる「教育移住」という選択肢

最近、少しずつニュースなどで「教育移住」という言葉が取り上げられるようになってきました。教育移住とは文字どおり、子どもの教育のために子どもと親が、別の国に移住することです。

私の友人に、日本から母子で教育移住している人がいます。子どもが幼稚園から小学校6年生までハワイで育てて、中学校から高校はカルフォルニアで育てていて、今度は大学生になったらまた別のところに移住するというふうに、彼女は、子どもの教育に合わせて、ベストな場所に移り住むという覚悟で来ているのです。

ご主人は日本で仕事をされているので、ときどき妻子に会いに来ます。

これは教育移住のひとつのスタイルですが、日本でも単身赴任の家は、同じような感じですよね。この場合、お父さんが動かないで、家族が教育を理由に動いて行くという、単身赴任の逆バージョンです。

彼女は、子どもを最初からアメリカで教育したいと思って産んでいると言っていました。これには、私も非常に共感しています。

私は大学時代にハワイに留学しましたが、ハワイで子育てをしてみて、子どもを子どもらしく、のびのびと育てることができ、また自分で考えることを教育の中で学び、多国民の国での多様性を理解して、人生に起こる問題解決を考えていく強さを持てるというのは、ハワイで教育を受けさせてよかったと一番思うところで、私たち親子の財産でもあります。

現在、ネットが普及して、日本で仕事をしなくても、どこでも仕事ができる時代になりました。

今までは、親の仕事に合わせて家族が動いていましたが、これからは、ご家族で、子どもの教育に合わせて引っ越していくという家族も増えていくことでしょう。

教育移住と留学との違いは、教育移住には、家族でグローバル化できるメリットがあることです。

私の別の友人家族は、息子さんが小学校の入学時に母子で親子留学させて、先にハワイでのコミュニティーの基盤をつくらせ、その間、父親はハワイでのビジネスをする準備を日本で着々と済ませて投資家ビザを取り、家族全員で移住しました。

まさしく、子どもの教育のために、お父さんがハワイ事業を立ち上げた例です。

現在、息子さんは、超名門エリート大学で国際ビジネスを学んでいるので、きっと、父親の事業を世界に拡大してくれるのではないでしょうか。

このように、家族で子どもの教育に合わせて移住すれば、学校歴が増えるごとに、それによって親のビジネスの幅を広げることもできるのです。

# 日本人に多いホームステイトラブル

大学生で留学する場合は大学の寮に入ることができますが、ハワイの高校には基本的に寮がないので、どこかのお家にホームステイさせてもらうことになります。

アメリカ本土では、空いている部屋を利用して、1ヶ月1500ドルで、ご飯付き、送り迎え付きというふうに、ホームステイをなりわいにしている家もあります。

しかし、ハワイは狭い島ですので、部屋が余っているお家はほとんどありません。受け入れてくれるところは、少し郊外で、子どもが出て行って部屋が空いている老夫婦2人暮らしのお家が多く、ステイ先があまりないのが現状です。

仮に受け入れてもらってもホームステイ先とうまくいかないことが多いと聞きます。

日本人は、英語を勉強しに来たにもかかわらず、積極的に何がやりたいのかも言わないし、意思の疎通もできません。それなのに、留学エージェントから文句を言われると、ホストファミリーとしても、いい気はしないものです。

**ホームステイするということは、ホテルに滞在することとは違います。お客さんではありません。**

また、親が人様にお世話になることを十分に理解せず、すべてお任せで、自分で料理ひとつつくれないような何もできない子を送り出しているのです。

それは、相手先にも非常に迷惑なことですし、トラブルが多くて何度もステイ先を変えたりすることになります。

## ▼外国にファミリーをつくりたい気持ちがあるか？

ホームステイ先の家族は「ホストファミリー」といって、いわば第2の家族になるわけです。

ハワイには「オハナ」といって、人類みんながファミリーだという大らかな考え方があります。

ですから、飛び込んでくる子どもたちにはみんなウェルカムで歓迎してくれます。

そこが「全米唯一のメルティングポット」といわれるゆえんです。

ただ、**日本人の子どもは、お金を払っているんだから、お世話になってあたりまえという感覚で、外国に行って自分も別のファミリーの一員になるんだ、という意識を持っていません。**

よそ様のお宅に預かっていただくのですから、感謝の気持ちを伝えたり、自分から積極的に家族に奉仕したりするということを、基本ベースとして家庭でしつけておくことが、最低限のマナーではないでしょうか。

「ホームステイ」するとはどういうことなのか、出発する前に親子でよく話し合っておくことが必須だと思います。

# 留学前に知っておきたい「家庭教育7カ条」

私は、留学前に家庭で最低限教育しておくべきことを7カ条にまとめています。

1. 洗濯
2. 掃除
3. 料理
4. コミュニケーション力
5. 質問力
6. 奉仕力
7. 積極性

ステイ先では、自分のものは自分で**「洗濯」**するのが基本です。

自分の部屋に洗濯カゴがあって、そこに洗濯物を入れて、週末にまとめて自分で洗濯します。お母さんが洗濯してくれ、アイロンまでかけてくれるのは、日本だけです。

自分の部屋も自分で**「掃除」**します。ゴキブリが出るほど汚していたら怒られると思いますが、ちょっと散らかっているくらいだと、そのままにしておかれます。

しかし、ホームステイさせてもらう場合は、「部屋を使わせていただいてありがとうございます」と、きちんとリスペクトする態度が必要です。

現地での食事を心配される親御さんも多いのですが、それなら心配しないですむくらいまで、自分で**「料理」**できるようにしつけておいてください。

ステイ先では、「冷蔵庫のものを好きに食べていいよ」と言われるところも多いので、食事に文句を言う前に、自分が食べたいものを自分でつくれるようになっておいたほ

うがいいと思います。日本では座れば何かが出てくるような状態に慣れているので、自分でサンドイッチひとつもつくれない子が多いです。

**「コミュニケーション力」**は、この本でもたびたび指摘してきたとおりです。

言語が通じないところに行くということは、どうすれば相手に伝わるのかを自分で考えなければいけません。異文化を学ぶにはコミュニケーション力が絶対に必要です。

**「質問力」**というのは、たとえば「この洗濯機、どうやって使うんですか?」「こういうときは英語でどう言えばいいのですか?」など、必要なときに質問できる能力のことです。日本人の子は受け身で、相手から説明してもらうことに慣れているので、自分から対象に興味を持って質問することが苦手です。

**「奉仕力」**とは、自分から人の役に立てることです。ハワイで専業主婦は少ないので、お母さんたちはみな忙しいのです。週に一度でもステイ先で食事をつくってあげるとすごく喜ばれます。何も手の込んだものでなくても、ちらし寿司でも、カレーライスでも、簡単なものでいいから「僕が何かつくります」と言えることが大事です。

**「積極性」**についても何度もお伝えしました。世界では、自分の意見が言えない人は、その場にいない、参加していないのと同じです。

いかがですか？　日本のお母さんは、ちょっと世話を焼き過ぎていませんか？

留学前には、英語だけでなく、お子さんの自立のためにも、この7カ条をご家庭で準備しておくとよいと思います。

## ▼子どもに教えるべき国際マナーとは

「子どもを海外に出す前に、学ばせておいたほうがいい国際マナーはありますか？」

このような質問も多くいただきます。

もし「国際マナー」というものがあるとしたら、私は、**どこの国のどんな人とも、言葉が通じなくても、「コミュニケーションしようとする前向きな態度」**ではないかと思います。

日本人は、マナーというと行儀作法から入ろうとします。

しかし、話しかけられても会話ができない、ただ黙ってニコニコ聞いて頭を下げているだけというのは、相手からしたら会話を拒否されているのとまったく同じです。

それこそが最大のマナー違反ではないでしょうか。

マナー教室でナイフやフォークの持ち方といったテーブルマナーを習っても、言葉の通じない人とコミュニケーションが取れなければ、活用する場もありません。

まず、コミュニケーション力ありき。そのほかの作法は、自然と身に付いていくものだと思います。

# 日本でもできるグローバル体験を

「田舎に住んでいて、英会話学校もなく、留学させることは無理なのですが、国際人として育てるためにはどうしたらよいですか？」という質問もいただきます。

ぜひおすすめなのが、**ホストファミリーや民泊などで、自分の家に外国人を招き入れる体験をすることです。**

生活を通していろいろな国の人と接することで、日本にいながら家族でグローバルな体験ができます。

日本人のグローバル化は、世界に出ていくことだけではなく、世界の人を受け入れることでもあります。

まずは親がグローバルな思考を持ち、今ある環境の中でどんなグローバル化ができるのかを考え、実践していくことが大切です。

それをせず、子どもにだけ「グローバルになれ」といっても、説得力がありません。


わが家でも昨年、ドイツ人の留学生を3週間預かりました。

これまでも日本人の留学生を預かったことはありますが、今回は交換留学で来ている同じ学年の男子です。息子がドイツ人の子の面倒をみなければいけません。

息子は最初、とても嫌がりました。

「僕が大変になるのに、勝手にホストファミリーを受けちゃって」

などと文句を言っていました。

そんな息子に私は、

「あなたは散々、インドネシアやフランスで、お友だちのお家の人たちによくしてもらったでしょう。それなのに、どうしてほかの国の子を受け入れられないの?」

と言ったら、「うーん」と渋々面倒を見ていました。

息子はひとりっ子ですし、家で誰かの面倒を見るということもなかったのですが、ドイツ人の学生は英語が達者で、コミュニケーションでは何の問題もなく、自分のしたいことや要望を積極的に伝えてくれました。

自立していた子だったので、私たちにとってはとても助かりました。

今回は、ボランティアという形で、ドイツの学生を預かる代わりに、今度はうちの息子が夏休みにホームステイさせてもらえるというシステムでした。

ですから、自分の子どもが相手の国に行ったとき、こんなことをしてもらえたら嬉しいなと思うことを、ドイツの子にやってあげたんですね。

お金をもらってホームステイを預かっていたときとは親近感が違い、息子もドイツでファミリーとして迎えてもらえるようにと、私たちもハワイのオハナとして、彼に良い思い出を持って帰ってほしいと思いました。

**日本は島国で、日本人は長年同一民族として暮らしてきたため、ほかの国の人を受**

**け入れることに慣れていません。**

だからこそ、子どもを留学させる前に、ホストファミリーとして留学生を預かることも、ぜひやってみてください。

次に子どもが留学するときには立場が逆になるわけですから、子ども自身も、

「こういうことが大変だったな」

「こうすればホストファミリーとうまくいくな」

ということがわかり、受け入れてもらいやすくなると思います。

# 海外暮らしで困らない「3つの力」

これからは留学だけでなく、親の仕事の都合、教育移住などで、海外で生活する子どもがますます増えていくでしょう。

海外暮らしをうまくやっていくためには、コミュニケーション力を前提として、さらに3つの力が欲しいところです。

ひとつ目は、**「どこにいても楽しめる力」**です。

どんな環境におかれても、自分の興味の持てることを見つけられることでしょうか。

誰かが楽しませてくれるのを待っているのではなく、自ら楽しくなるように工夫できる子は、新しい場所にも早くなじめます。

次に**「誰かを助けてあげられる力」**です。

これは「家庭教育7カ条」の「奉仕力」に通じる部分です。

アメリカでは、ほかの人を助けてあげよう、誰かのためになることをしよう、という考え方がベースにあり、寄付やボランティアが社会全体に根付いています。

日本人は、電車の中で席を譲るのに躊躇したりしますが、**アメリカ人は子どもの頃から「何をしたら人のためになるのか」ということを考えさせている**んですね。

また、いつも自分がやってもらうばかりではなく、相手に何かをしてあげることによって、そこから生まれてくる友情もあると思います。

そして、最後はやっぱり**「愛する力」**です。

人に愛を与えられる人は、世界中どこに行っても人気者だし、言葉を超えて伝えられるものだと思います。

どんな国のどんな地位や立場の人に対しても、愛することができるというのは、考えてみれば人間として基本のあり方です。

ただ、**人を愛することは、自分が愛されていないとなかなかできないことです。子どもがどれくらい親から深く愛されて育てられてきたかによって、愛を与える力も違ってくると思います。**

この３つの力も、日本にいながらご家庭で日々教えていけることです。

子どもを国際人として育てられるかどうかは、結局、親のマインドひとつにかかっているのです。

世界で愛される人間にするために何を伝えるべきなのか。

まずは親が情報を集め、考えることが求められているのです。

エピローグ

# 日本人は「自信を持って挑戦する！」だけで、世界でもっと活躍できる

ハワイで十数年暮らす中で、私は日本人の素晴らしさも再発見しました。

日本人は、今あるものをより良く改善し、クオリティーの高い商品やサービスにすることについては、世界でもトップレベルだと思います。

そして、日本人の個人の能力は非常に高く、勤勉です。自分のアイデアや意見を、他言語でコミュニケーションすることができれば、チームプレーヤーとして、世界のどのチームでも高いパフォーマンスを発揮することができるのです。

欧米の人たちは、「me me me」という自己主張が強いイメージですが、世界のエリートたちは、みな高い能力を持ったチームプレーヤーです。

だから、これからの日本人が世界で活躍するために必要なことは、「挑戦してみる勇気」と「コミュニケーション能力」です。

この2つの能力は、子どもの自己肯定力から生まれます。子どもが自己肯定力を持つことができれば、世界のどこででも、自分の意思で未来を選ぶことができます。

**その自己肯定力を育むのは、親子の絶対なる信頼関係なのです。**

日本で生まれ、厳しい両親の元で育った私は、自由への憧れがあり、アメリカへ留学しました。自由な国での自由とは、全ては自分自身で決断し、その責任も負うということでした。

30年前のあの当時、娘を海外へ出し新しい世界を体験させてくれた両親にはとても感謝しています。

母から繰り返し刷り込まれた「あなたは運がいい」というたった一つの言葉だけを信じ、私は根拠のない自信を持って自分の人生を自分で決めて挑戦してきました。

その結果、今日の私があることは、母の言葉通り本当に運がよかったと思います。

人生のどん底だった私と息子を、オハナ（家族）として無条件に愛してくれた夫、リック・イゲットは、ハワイの政財界で活躍し、私にアメリカのビジネスやリーダーとしての資質など多くのことを教えてくれます。

そして、最愛なる息子は、私にたくさんの学びと出会いを運んできてくれました。

私の勝手な理由でハワイに連れてきて、息子の人生を大きく変えてしまったことに、正直、本当にこれで良かったのかと後悔や迷いもありました。

でもある日、息子が、

「僕は、ハワイに住めて、ママに感謝しているよ」

と言うのです。

「どうして？」と聞くと、

「だって、『僕はハワイに住んでいます』っていうと、『いいね』って言わない人は一人もいないから。ハワイってそれだけ、みんなに羨ましいなと思われる場所でしょ？だから、僕はラッキーだよ」

16年間、ずっと心にあったモヤモヤが、ハワイの爽やかな風とともに一気に吹き飛んだ瞬間でした。

そしてハワイに移住した私は、ハワイで学んだことを、今度は日本にお返ししたいと思うようになりました。

教育の面でのハワイの良さを伝え、ハワイをもっと日本のみなさんに深く知っていただきたい。さらには、海外での経験は、足し算ではなく、全てが掛け算になるほど人生に大きな影響を与えると思い、私と息子の移住経験を書かせていただきました。

本書は、ハワイと日本と離れていながら、時差なく対応してくれた敏腕プロデューサーの山﨑薫さん、私の外国人的思考をきちんとした日本語に変換し読みやすくしてくれたライターの有留もと子さん、2人の協力なしではできませんでした。

また、私を支えてくれるスタッフ、本書を書くに当たって情報協力してくれた友人、撮影協力いただいたすべての皆様に、感謝いたします。

子育ては、一大事業です。なにしろ次世代を担う人間をつくるのですから。

そのいっぽうで、子どもは、神様から一時お預かりしているものなのかもしれないと思います。一緒にいられるのはわずかな時間です。だからこそ悔いなく、「僕の人生は、僕が決める」と自信を持った子どもに育てたい。


この本を読んでくださっているあなたも、きっと同じように思っていらっしゃるのではないでしょうか。

お子様とあなたの人生がさらに素晴らしいものになりますよう、ハワイから願っております。マハロ

イゲット千恵子

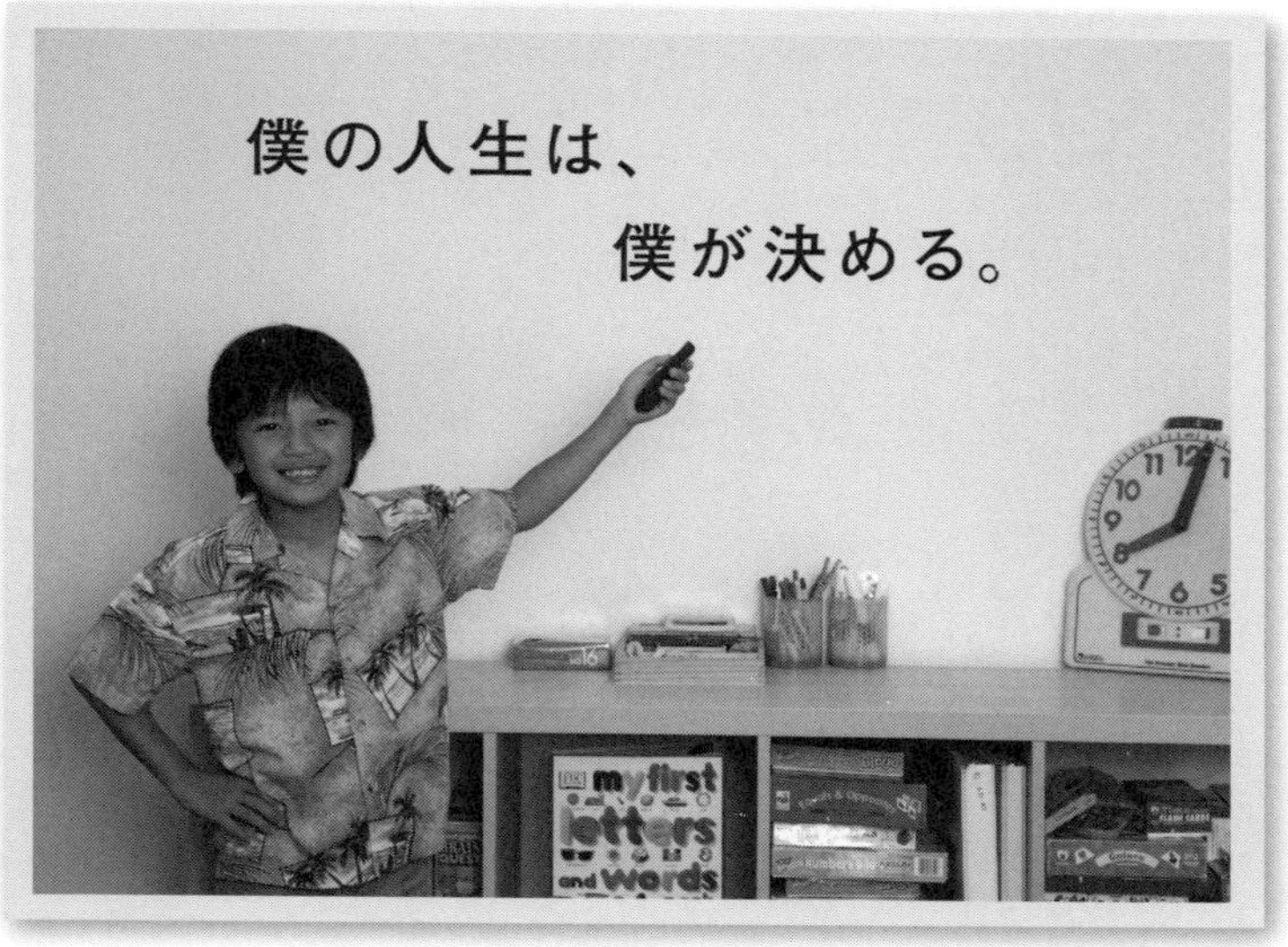


モデル
Luke Chan

カメラ
Aya S Tomikawa

イゲット千恵子（いげっと・ちえこ）
ハワイ教育移住コンサルタント
日本で18年間、ネイルサロンおよび美容スクールの経営をした後、子どもをハワイで出産（息子は現在16歳）。
離婚後、ハワイへ移住し、ハワイの政財界で活躍するアメリカ人と再婚。ハワイのトップ経営者たちとの交流の中で、日本とのビジネスの違いを学び、ハワイで起業。
現在、敏感肌専門のエステサロン「グリーンスパハワイ」、通販、スクール、化粧品会社、コンサルティングなどの事業を経営し、海外ママ起業家として世界各地で精力的にセミナーや講演活動などを行う。日本人の起業家とも多く交流し、海外進出に必要なアントレプレナーとしての資質を伝える活動を行っている。
URL：http://chiekoegged.com

# 経営者を育てるハワイの親 労働者を育てる日本の親

2017年4月21日　初版第1刷発行

著　者　イゲット千恵子
発行人　佐藤有美
編集人　安達智晃

発行所　株式会社経済界
〒107-0052　東京都港区赤坂1-9-13　三会堂ビル
出版局　出版編集部　☎03（6441）3743
出版営業部　☎03（6441）3744
振替　00130-8-160266

http://www.keizaikai.co.jp

写真　getty images
印刷所　株式会社光邦

ISBN978-4-7667-8612-5
©Chieko Egged 2017 Printed in Japan